BLUE BOOK

智库成果出版与传播平台

就业蓝皮书

BLUE BOOK OF
EMPLOYMENT

2020 年
中国本科生就业报告

CHINESE 4-YEAR COLLEGE GRADUATES' EMPLOYMENT
ANNUAL REPORT (2020)

麦可思研究院

王伯庆／主　编

陈永红／副主编

社会科学文献出版社
SOCIAL SCIENCES ACADEMIC PRESS（CHINA）

图书在版编目（CIP）数据

2020 年中国本科生就业报告／王伯庆主编 . -- 北京：
社会科学文献出版社，2020.7
（就业蓝皮书）
ISBN 978 - 7 - 5201 - 6846 - 5

Ⅰ . ①2… Ⅱ . ①王… Ⅲ . ①本科生 - 就业 - 研究报
告 - 中国 - 2020 Ⅳ . ①G647.38

中国版本图书馆 CIP 数据核字（2020）第 112356 号

就业蓝皮书
2020 年中国本科生就业报告

主　　编／王伯庆
副 主 编／陈永红

出 版 人／谢寿光
组稿编辑／邓泳红　桂　芳
责任编辑／桂　芳

出　　版／社会科学文献出版社·皮书出版分社 （010）59367127
　　　　　地址：北京市北三环中路甲 29 号院华龙大厦　邮编：100029
　　　　　网址：www. ssap. com. cn
发　　行／市场营销中心 （010）59367081　59367083
印　　装／三河市东方印刷有限公司

规　　格／开 本：787mm×1092mm　1/16
　　　　　印 张：16　字 数：240 千字
版　　次／2020 年 7 月第 1 版　2020 年 7 月第 1 次印刷
书　　号／ISBN 978 - 7 - 5201 - 6846 - 5
定　　价／128.00 元

本书如有印装质量问题，请与读者服务中心（010 - 59367028）联系

就业蓝皮书编辑委员会

本报告研究团队　麦可思研究院
　　　　　　　　　厦门大学——麦可思中国高等教育数据中心
　　　　　　　　　南方科技大学高等教育研究中心

主　　编　王伯庆　陈永红

撰　　稿　王梦萍　王　丽　王昕伦　曹　晨　马　妍
　　　　　　纪红军　焦　雅　李雪银

学术顾问（按姓名拼音字母排序）

别敦荣　厦门大学教育研究院院长

陈　宇　国家教育咨询委员会委员

程　星　香港城市大学协理副校长（环球事务）

储朝晖　中国教育科学研究院研究员

管远志　北京协和医学院教育研究与发展中心主任

韩　蔚　南方科技大学高等教育研究中心研究教授

洪成文　北京师范大学高等教育研究所教授

胡瑞文　国家教育咨询委员会委员

季　平　中国民办教育协会高等教育专业委员会理事长

李海峥　中央财经大学中国人力资本与劳动经济研究中心主任

李亚东　同济大学教授/教学质量管理办公室主任

汤　敏　国务院参事室参事

王辉耀　国务院参事室参事/中国与全球化研究中心主任

邬大光　中国高等教育学会常务理事/厦门大学教授

谢作栩　厦门大学——麦可思中国高等教育数据中心主任

叶之红　中国高等教育学会前副秘书长

查建中　教育部新工科建设工作组成员

周光礼　中国人民大学教育学院教授

摘　要

《2020 年中国本科生就业报告》由 1 篇总报告、8 篇分报告、4 篇专题报告等组成，对本科生毕业去向、就业结构、就业质量、职业发展、升学情况、自主创业、对学校的满意度等状况进行深入分析。分析基于应届毕业生和毕业中期跟踪评价。

总报告主要阐述本科毕业生就业发展趋势与成效。例如，就业的产业上，教育、信息、文体娱乐等服务性产业需求增长。从事的职业上，以互联网开发、新媒体运营、在线教育培训为代表的新兴职业需求增长。

分报告反映了应届本科生毕业半年后的就业情况，同时也反映本科毕业生在职场的发展情况。例如，应届本科毕业生升学深造持续上升，计划升学的毕业生五年翻了一倍，而待就业毕业生整体持稳。高等教育回报在毕业中期更为明显，工作五年的薪资是毕业半年的 2.6 倍。

专题报告主要从本科贫困家庭毕业生的脱贫成效、医疗专业毕业生从医情况、师范类专业建设、工科认证专业培养效果四个角度展开分析，为高等教育扶贫、专业建设提供参考。

关键词： 本科生　就业情况　职业发展　脱贫成效　专业建设

Abstract

The Report on *Chinese 4-Year College Graduates' Employment* (*2020*) consists of one general report, eight sub-reports and four thematic reports. These reports cover a wild range of topics including graduates' employment status, employment characteristics, employment quality, and career development, continuing education, entrepreneurship, as well as graduates' satisfaction and feedback to education programs. The report is based on graduates' surveys 6 months and 3 −5 years after graduation.

The general report analyzes the employment situation and development of Chinese 4-year college graduates. From the industry characteristics of graduates' employment, it is found that the demand of service industries including education, information, sports and entertainment has increased. In terms of occupation, the demand of new occupations represented by Internet development, new media operation and online education has increased.

The sub-reports reflect the employment situation of graduates 6 months after graduation, as well as the career development 3 − 5 years after graduation. For example, the rate of graduates entering higher education keeps rising, at the same time, the rate of graduates planning to enter higher education has doubled during the last five years, while the rate of graduates unemployed and seeking jobs remains stable. The return on higher education is obvious 5 years after graduation and monthly income is 2. 6 times of that after 6 months.

The thematic reports mainly analyze the employment situation of graduates from poverty-stricken families, medical graduates' career situation, the construction of normal majors, and education quality of accredited engineering programs, providing references for education poverty alleviation and major construction.

Keywords: Chinese 4-year College Graduates; Employment Situation; Career Development; Poverty Alleviation; Major Construction

目 录

Ⅲ 专题报告

Ⅳ 附 录

皮书数据库阅读**使用指南**

CONTENTS

I   General Report

II   Sub-reports

III   Thematic Reports

Ⅳ   Appendix

图表目录

‖ 分报告

B.3 本科毕业生就业结构分析 ·············· 030

Ⅲ　专题报告

Ⅳ 附录

总 报 告

General Report

B.1

本科毕业生就业发展趋势与成效

摘　要：　2020 年是全面建成小康社会和"十三五"规划的收官之年，是实现第一个百年奋斗目标的决胜之年，也是脱贫攻坚战的达标之年。站在这样一个时间节点，来分析本科毕业生就业发展趋势与成效，更具有一个阶段的承前启后意义。通过分析发现，应届本科毕业生读研和计划读研的比例持续上升，读研对就业的缓冲作用明显，也促进就业的整体稳定；高等教育对实现脱贫攻坚的作用明显，贫困地区农村家庭本科毕业生脱贫效果显著，其收入阻断了贫穷代际传递，帮助了家庭脱贫，通过当地就业反哺家乡发展；随着产业转型升级的深入，社会经济结构不断优化，教育辅导、信息、文体娱乐等领域为毕业生就业与发展提供了更多选择；在当前社会对高素质医护人员、基础教育教师及工程技术人员具有迫切需求的情况下，医学、师范、工科专业需基于相应的专业建设标准持续完善人才培养环节，从而为相关领域的发展提供更

为有力的支撑。

关键词: 本科生 就业情况 高等教育回报 行业需求 人才培养

麦可思自2007年开始进行大学毕业生跟踪评价,并从2009年开始根据评价结果每年出版就业蓝皮书,迄今已连续12年出版就业蓝皮书。本报告基于应届毕业、毕业三年后、毕业五年后的跟踪评价数据,分析本科毕业生的就业发展趋势与成效,回应政府、媒体、本科院校师生以及社会大众关注的问题,并为本科人才培养的持续改进提供参考建议。

一 应届毕业生读研对就业起到分流与 缓冲的作用,待就业保持稳定

在高校毕业生规模逐年攀升、经济增速放缓的情况下,应届本科毕业生的就业难度增大。但与此同时,研究生招生规模逐年扩大,应届本科毕业生读研和计划读研的数量不断增加,待就业毕业生整体持稳。数据显示,2019届[①]本科毕业生毕业半年后的就业率[②]为91.1%。从去向分布变化来看,国内外读研的比例明显上升,从2015届的15.6%上升到了2019届的17.4%;同时准备考研的毕业生占比五年翻了一倍,从2015届的2.1%上升到了2019届的4.5%;读研比例的上升导致毕业后直接工作(受雇工作、自主创业)的比例有相应的变化,从2015届的77.3%变为2019届73.5%;待就

---

① 解读中提到的往届数据,均出自相应年份的"就业蓝皮书",其中2015～2018届毕业半年后全国本科生样本量分别约为12.3万、14.7万、15.6万、15.2万;2014届、2015届毕业三年后全国本科生样本量分别约为3.9万、3.6万。

② **就业率:** 本科毕业生的就业率 = 已就业本科毕业生数/本科毕业生总数。其中已就业人群包括"受雇工作""自主创业""入伍""国内外读研"四类。需要说明的是,自2020年的报告开始就业率统计均包含升学人群,在本年度展示的往届就业率也均重新统计纳入升学人群。

业毕业生占比五年持稳（4.2%～4.6%），其中大多在积极求职（2019届61%），这些积极求职的毕业生有六成以上（2019届62%）收到过录用通知，未接受录用主要是出于个人发展空间及薪资福利等方面的考虑，择业是待就业群体待业的主要原因，并非就业困难。

读研对毕业生的去向分流作用持续增大，对毕业生就业起到了重要的缓冲作用，促进了就业的整体稳定。值得注意的是，国内读研与留学分别呈现了不一样的特点，但两者共同为毕业生更高质量的就业与发展奠定了基础。

（一）考研热持续升温，多数毕业生对读研保持较为理性、清晰的目标和规划

随着经济的发展与产业转型升级的推进，社会对高层次人才的需求进一步扩大，应届本科毕业生期望通过读研深造提升自我竞争力的意愿也不断增强。数据显示，应届本科毕业生国内读研比例从2015届的13.5%上升到了2019届的15.2%；其中就业前景好、想去更好的大学以及职业发展需要是毕业生选择读研的主要原因，2019届分别有52%、49%的毕业生因就业前景好和职业发展需要而读研，有51%因为想去更好的大学而读研，因就业难暂时读研的人群占少数（17%），"逃避式考研"并未成为趋势。这也反映出多数毕业生对读研有着较为理性、清晰的目标和规划，研究生教育能够为其高质量就业与发展提供支撑。

（二）"留学热"趋于稳定，留学人员"回国潮"现象进一步显现

应届本科毕业生出国、出境留学呈现"先上升后趋稳"的特点。数据显示，毕业生留学比例从2011届的0.9%持续上升到2015届的2.1%，之后趋于稳定，2015～2019届保持在2.1%～2.3%之间；毕业生选择留学的主要动机是增强自身职业综合竞争力（2019届占35%）。从毕业生留学后的回国意愿来看，2019届有49%的毕业生打算留学后直接回境内工作，该比例较2018届（42%）上升较多。"回国潮"现象进一步显现，通过对2014届本科留学人员的持续跟踪发现，当前近七成（69%）已回到境内居

住，其中分别有 19.8%、17.6% 的人居住在北京、上海，此外南京、杭州、成都、苏州、西安、武汉等新一线城市对留学回国毕业生的吸引力也较强，毕业生选择上述新一线城市的比例合计超过两成（22.9%）。

（三）学历提升给毕业生发展带来的回报显著

学历提升对毕业生的就业和发展具有积极的促进作用，给毕业生带来的回报随着时间延长而不断显现。数据显示，2014 届本科毕业生在毕业五年后有 19.8% 的人获得了学历提升，这部分人群的月收入水平（10408元）与学历未提升人群（9683 元）相比优势明显，学历提升给毕业生带来的经济回报明显；与此同时，学历提升对毕业生的从业幸福感也具有积极影响，学历提升人群的就业满意度（79%）明显高于学历未提升人群（73%）。

在当前整体就业难度增大、毕业生读研意愿较高、考研竞争不断加剧的情况下，相关院校和专业需进一步关注在校学生的读研意愿，并完善考研/保研服务工作，指导学生合理规划与备考，从而更好地促进毕业生的去向落实与发展。

二 产业转型升级带动了数字化人才的需求增长

当前产业转型升级虽面临着诸多压力和挑战，但与此同时也带来了全新的机遇。随着产业转型升级的深入，社会经济结构不断优化，第三产业在经济结构中的比重稳步提升①，为毕业生就业与发展提供了更多选择。其中，教育业是吸纳本科毕业生数量最大的行业，且近五年就业比例增加最多。此外，毕业生在信息传输、软件和信息技术服务业就业的比例也较高，且2019 届（8.9%）比 2015 届（8.4%）上升了 0.5 个百分点。

---

① 根据近五年的《中华人民共和国国民经济和社会发展统计公报》，第三产业增加值占国内生产总值的比重从 2015 年的 50.8% 上升到了 2019 年的 53.9%。

值得注意的是，信息传输、软件和信息技术服务业是数字经济的典型代表。随着 ICT（信息与通信技术）的不断成熟，数字经济迎来全面发展，在推进产业转型升级的同时，也带动了相关领域用人需求的增长。

（一）工作岗位对数字化人才的需求不断扩大

随着数字经济的全面发展，互联网、大数据、云计算、人工智能等技术的应用已经广泛渗透到了各个经济领域，这也促使互联网开发及应用、计算机与数据处理等数字化相关岗位对毕业生的需求不断扩大。数据显示，应届本科毕业生从事互联网开发及应用类、计算机与数据处理类职业的比例整体呈现上升趋势，分别从 2015 届的 5.2%、5.1% 上升到了 2019 届的 6.0%、5.7%。这两类职业的薪资水平在各类主要职业中处于领先位置，且增长潜力较大，工作五年的月收入（2014 届）分别达 15087 元、14392 元，较自身应届月收入（分别为 4582 元、4562 元）的涨幅分别达 229%、215%。另外从这两类职业从业毕业生的专业构成来看，计算机类专业的占比较大（2019 届 51%），其下属的信息安全、软件工程、网络工程专业均是连续多年的绿牌专业，整体需求旺盛，毕业生就业质量较高。

（二）数字基建带动相关制造领域需求回升

除了数字化人才的供给外，数字经济的发展更离不开以数字基建为核心的新型基础设施建设的支撑。在数字基础设施中，5G 领域至关重要，是数字经济发展的基石。5G 建设离不开芯片、通信设备等底层技术的发展。在国家大力推进 5G 建设、着力解决关键核心技术"卡脖子"问题的背景下，相关制造领域的用人需求逐渐回升。数据显示，本科毕业生在制造业就业的比例整体依然呈下降趋势（从 2015 届的 20.3% 下降到了 2019 届的 17.8%）的情况下，在通信设备制造领域就业的比例（2018 届、2019 届分别为0.8%、1.2%）已开始回升，同时在半导体和其他电子元器件制造领域就业的比例（2019 届 1.1%）也相对较高；毕业生在这两个领域就业的月收入水平（2019 届分别为 6633 元、6209 元）较高，在本科主要行业中排前十位。

产业转型升级带动了新兴行业以及传统行业中新兴领域需求的增长，为更好地助力产业及国家和地方重大战略的发展，相关院校和专业可基于相关领域的发展现况和趋势，进一步梳理和完善人才培养环节，从而使人才培养更加适应相关领域发展的需要。

三　高等教育对贫困地区农村家庭毕业生脱贫效果显著

2020 年是国家脱贫攻坚的决战决胜之年。在开展脱贫攻坚的过程中，高等教育发挥着不可替代的作用，确保贫困地区农村生源①受教育机会、助力其实现更高质量的就业，也为贫困地区社会和经济发展提供了人才支撑。

（一）地方本科院校为贫困地区农村生源提供了更多的教育机会

具体来看，地方本科院校吸纳了较多的贫困地区农村生源，较大程度上确保了贫困地区农村生源接受本科教育的机会。数据显示，地方本科院校 2017 ~ 2019 届毕业生中贫困地区农村生源的占比合计为 9.5%，高于双一流院校（6.1%）。与此同时，地方本科院校贫困地区农村生源对所受本科教育的满意度持续走高，近五届毕业生对母校的满意度从 2015 届的 92% 上升到了 2019 届的 95%，整体高于其他生源毕业生（90% ~ 94%）。

（二）贫困地区农村家庭毕业生收入高、实现"一人读书、全家脱贫"

数据显示，2019 年地方本科院校贫困地区农村家庭毕业生的应届月收入为 5062 元，分别是当年贫困地区农村居民月均收入（964 元）、全国农民

---

①　**贫困地区**：国务院扶贫开发领导小组办公室公布的集中连片特困地区和片区外的国家扶贫开发工作重点县（共 832 个县）。

　　贫困地区农村生源：指来自贫困地区农民与农民工家庭的毕业生。

　　其他生源：指除贫困地区农民与农民工家庭以外的所有毕业生。

工月均收入（3962 元）[①] 的 5.3 倍、1.3 倍；随着工作时间的推移，收入上的优势将进一步扩大，地方本科院校贫困地区农村家庭毕业生工作三年的月收入（2016 届）为 7394 元，工作五年的月收入（2014 届）为 8864 元，分别是贫困地区农村居民月均收入的 7.7 倍、9.2 倍，分别是全国农民工月均收入的 1.9 倍、2.2 倍，高等教育脱贫效果显著。

（三）地方本科院校贫困地区的农村家庭毕业生在家乡的就业比例高，是人才吸引力弱的贫困地区不可替代的人才供应生命线

数据显示，地方本科院校贫困地区农村家庭毕业生在贫困地区就业的比例从 2015 届的 22.7% 上升到了 2019 届的 23.8%，是其他毕业生在贫困地区就业比例（4.0%~4.5%）的 5~6 倍，体现了贫困地区农村家庭本科毕业生"留得住"的特点。毕业生对家乡人才支撑最为集中的领域是中小学教育，且增长明显，2019 届就业比例达到 32.0%，较 2015 届（26.9%）上升了 5.1 个百分点，这为改善贫困地区义务教育薄弱学校基本办学条件提供了师资保障；同时毕业生在医疗领域就业的比例也较高且呈上升趋势，2019 届（10.7%）比 2015 届（9.9%）上升了 0.8 个百分点，其中有三成以上任职于社区门诊、乡村卫生院和疾病预防控制中心等基层医疗及公共卫生服务机构，这对于贫困地区公共卫生系统的建设至关重要。

四 不同医学专业从医特点有所差异，对公共卫生类专业培养需给予关注

卫生与健康事业的发展是全面建成小康社会的重要前提和基础。健康人力资源建设是卫生与健康事业发展的根本支撑与保障，完善医学人才培养是

[①] 全国农民工月均收入数据来源于国家统计局相应年份的《中华人民共和国国民经济和社会发展统计公报》；贫困地区农村居民月均收入数据来源于国家统计局住户调查办公室编写的《中国农村贫困监测报告》、国家统计局相应年份的《中华人民共和国国民经济和社会发展统计公报》。

加强健康人力资源建设的关键举措。近年来，我国本科医学毕业生规模持续扩大，且毕业生的从医比例持续上升，从 2015 届的 87.4% 上升到了 2019 届的 91.5%，这为国家卫生与健康事业的发展提供了重要的人才支撑。但与此同时，健康中国建设的深入对医学人才培养提出了新的、更高的要求，2020 年的新冠肺炎抗疫工作也对国家的公共卫生系统及其人才支撑提出了更高的要求，医学专业人才培养需以健康中国建设为契机，梳理培养过程中的不足并持续改进。

（一）医学专业毕业生从医比例持续上升

随着国家卫生与健康事业的不断发展，本科医学专业毕业生对相关领域的服务贡献持续加大。数据显示，近年来本科医学专业毕业生的从医比例持续上升，从 2015 届的 87.4% 上升到了 2019 届的 91.5%，近五年上升了 4.1 个百分点（AAMC 2019 年美国医学院毕业生评价反馈有九成以上愿意从医）。从不同医学专业来看，毕业生的从医选择有所差异。

（二）本科临床类专业从医毕业生主要就业机构为医院、职业为医师

本科临床类专业从医比例、从事医师岗位的比例近五年持续上升，从医比例从 2015 届的 92.9% 上升到 2019 届的 96.8%，从事医师岗位的比例从 2015 届的 79.4% 上升到 2019 届的 81.7%。传统的医院和基层医疗/专业公共卫生服务机构是本科临床类专业从医毕业生的主要去向，两者合计吸纳了九成以上的从医毕业生（2019 届 93.3%）。本科临床类专业从医毕业生六成以上在三甲以下的普通医院服务。从就业所在地区来看，毕业生在中西部地区从医比例持续上升，从 2015 届的 45.5% 上升到了 2019 届的 50.3%。毕业生就业重心的下沉，对逐步缩小地区间基本健康服务和健康水平的差异具有重要意义，促进了老龄化、社区化、均衡化卫生健康体系的建设与完善。从培养过程来看，本科临床类毕业生对实习和课程考核的改进期待较高（2019 届临床类为 62%、34%，其他医学专业为 56%、

22%）；此外，从毕业生主要职业素质的满足度来看，学习观念和宣传教育两项相对较低（分别为82%、81%），其他医学专业分别为87%、86%，需给予关注。

（三）本科护理类专业从医毕业生主要就业机构为三甲医院、职业为护士

本科护理类专业从医比例在九成以上（2019届为91.9%），从事护士岗位的比例2019届为85.4%。医院是本科护理类专业从医毕业生的主要去向，吸纳了七成以上的从医毕业生（2019届70.5%）；本科护理类专业从医毕业生任职于三甲医院的比例超过八成（2019届81.6%）；另外，从就业区域分布来看，2019届本科护理类专业从医毕业生在东部、中部地区就业的比例（分别为56.6%、27.0%）较高。本科护理类专业从医多在大城市好医院，而高职护理类专业从医更多沉入基层医院和地区（2019届地级及以下城市就业比例为73%）。为更好地促进卫生健康体系的均衡化建设与发展，本科护理类专业对基层医疗卫生单位以及经济后发地区医疗卫生单位的服务贡献有待进一步提升。

（四）对本科公共卫生类专业培养需给予重点关注

公共卫生类专业在国家建设公共卫生系统、应对重大突发公共卫生事件的过程中起着重要的人才支撑作用。然而在其他医学专业毕业生从医比例普遍呈上升趋势的情况下，公共卫生类专业毕业生从医比例相对较低且呈下降趋势，从2015届的82.9%下降到了2019届的79.8%，其专业培养对国家公共卫生应急管理体系的支撑仍有不足。从培养过程来看，公共卫生类专业毕业生对教学的满意度评价（2019届91%）相对较低，专业培养效果仍需提升；另外，公共卫生管理涉及经济、社会、公共管理等多学科的交叉，对人才培养"复合型"的要求较高，但毕业生对跨学科学习经历的满意度（2016届三年后64%）较低，可见其培养体系对培养复合型、应急性、实用性公共卫生管理人才的支撑力度仍不够，需持续改进和完善。

五　工程专业认证推动专业内涵建设成效显著

工科专业对国家实现产业转型升级与创新发展具有重要的支撑作用。如何培养适应社会和产业发展需要的工科专业人才，一直是备受教育界和产业界关注的话题。工程教育认证标准是工科专业建设和人才培养持续改进的重要参照，从已通过认证的工科专业①来看，其培养目标和毕业要求达成的效果、课程与教学对培养目标和毕业要求达成的支撑度、毕业生就业竞争力与发展潜力相比未参与认证及参与但未通过认证的同专业（以下统称"未认证专业"）均呈现优势。

（一）通过认证的专业在培养目标与毕业要求达成效果上更为突出

通过认证的专业在对照认证标准的过程中往往能进一步明确自身人才培养定位，并基于相关产业和领域需求合理修订培养目标与毕业要求，从而促进了培养目标与毕业要求的达成。数据显示，通过认证专业毕业生五年后（2014届）的工作与专业相关度（67%）高于未认证专业（63%），对相关行业领域及岗位的服务贡献更大；同时对包括工程知识、问题分析等在内的12项基本毕业要求的掌握程度也更高，2019年应届毕业生总体掌握水平达57%，稍高于未认证专业毕业生（56%）。

（二）通过认证专业的培养过程各环节对毕业要求达成的支撑力度更大

合理的课程设置与有效的教学过程开展是支撑毕业要求达成的重要前提和基础。通过认证的专业在基于认证标准梳理课程体系、推进教学与实践改革后，往往能更好地促进专业培养效果的提升，从而使培养过程的各个环节有效支撑毕业要求的达成。数据显示，通过认证专业的课程体系较为完善，

---

①　指截至2018年底全国227所高等学校通过工程教育专业认证的1170个工科专业。

授课效果更好，2019 届毕业生对专业核心课程的重要度、满足度评价（分别为 82%、79%）整体高于未认证专业毕业生（分别为 81%、76%）；同时前者的实习实践开展效果更为突出，2019 届毕业生认为"实习和实践环节不够"的比例（51%）低于未认证专业毕业生（59%）。

（三）通过认证专业毕业生的就业与发展状况更好

通过认证的专业按照国际通用标准培养工科人才，课程与教学往往能对学生基本毕业要求的达成提供较为有力的保障，从而促进学生就业竞争力的提升。数据显示，通过认证专业毕业生在 2019 年的应届月收入（6234 元）比未认证专业（5707 元）高 527 元；工作五年的月收入（2014届 11148 元）与自身应届月收入（4026 元）相比涨幅达 177%，高于未认证专业（2014 届工作五年月收入 10876 元，应届月收入 3973 元，涨幅174%）。

为更好地提升工科专业与产业发展的契合度以及人才培养质量，相关院校和专业可参照工程教育认证标准，进一步明确自身人才培养定位，合理修订专业培养目标与毕业要求，并相应梳理和完善课程体系，持续改进教学与实践等环节，以此促进专业培养质量的提升，同时也为毕业生更高质量的就业与发展奠定坚实基础。

六　以认证为抓手增强师范类专业服务基础教育能力

基础教育是实现人的全面发展的关键环节，是增强国家竞争力的必然途径。近年来随着国家基础教育改革的深化以及大众对子女教育投入的不断加大，基础教育领域对从教人员的需求不断上升。作为吸纳本科毕业生数量最大的行业，教育业特别是中小学教育领域对本科毕业生的需求逐年增长，毕业生在教育业就业的比例从 2015 届的 13.6% 上升到了 2019 届的 15.9%；其中民办中小学及教辅机构的需求增长最为明显，近五年来本科毕业生在该领域就业的比例（2015 届 5.7%，2019 届 7.6%）上升了 1.9 个百分点，高

于公办中小学教育机构（2015届5.5%，2019届6.1%，上升了0.6个百分点）。

师范类院校是培养和输送教师的重要载体，毕业生从教比例（2019届45.9%）是非师范类院校（2019届11.0%）的4倍，其中近半数（48%）就职于公办中小学教育机构，近四成（37%）就职于民办中小学及教辅机构；中小学教育领域需求量较大的师范类专业包括汉语言文学、英语、小学教育、数学与应用数学等。为回应基础教育对高素质教师的迫切需求，师范类专业需基于专业认证标准不断强化人才培养工作。

（一）课程体系需基于师范类专业"双专业性"的特点进一步完善

合理的课程体系是培养高素质基础教育教师的前提。由于师范类专业具有独特的学科专业与教育专业相结合的"双专业性"，因此其课程体系需有效整合本学科专业课程、教师教育相关课程等不同模块的内容，以帮助学生形成较为完善的知识与能力结构。在主要师范类专业中，数学与应用数学专业从教毕业生对课程的重要度评价（88%）低于师范类院校从教毕业生平均水平（92%），同时认为课程设置合理的比例（73%）与师范类院校从教毕业生平均水平（86%）相比也明显偏低，其课程体系合理性仍有不足，未充分实现"双专业性"的融合，需进一步改进和完善。

（二）实践教学环节需进一步强调促进毕业生从教相关能力的提升

师范类专业培养需要将实践教学与理论教学并重，以确保学生在掌握本学科专业知识的同时具备相应的教育实践智慧。当前师范类院校从教毕业生对实践教学的改进需求仍较大，2019届认为"实习和实践环节不够"的比例（61%）超过六成，一定程度上反映出在培养过程中对指向促进学生获得教育教学现实问题解决能力的"实践性"有所忽略。另外，实践教学环节是培养和提升学生教学能力、沟通合作能力的关键途径，而师范类院校从教毕业生对这两项能力的掌握水平（2019届分别为57%、55%）与其他能力相比仍偏低。对此，相关院校和专业需进一步完善实践环节以更好地促进学生教学、沟通合作等从教相关能力的提升，避免在师范类院校向综合化发展的背景下自身专业培养的"师范性"被过度弱化。

（三）需不断完善学生成长指导，以强化学生的从教情怀与意愿

职业规划辅导是成长指导的重要组成部分，对于帮助学生形成从教情怀、引导学生长期从教具有不可替代的作用。师范类院校职业规划辅导整体开展效果较好，2019 届从教毕业生在校期间接受过职业规划辅导的比例（49%）、认为其有效的比例（75%）均高于非师范院校（分别为 42%、71%）。当前民办教育发展较快，部分师范类专业（如英语专业）毕业生在民办中小学及教辅机构的比例较高，但当前民办教育领域从教人员稳定性较弱的情况依然较为普遍，这不利于民办教育的发展。对此，相关院校和专业可根据不同领域的特点相应完善学生成长指导工作，从而更好地帮助学生形成和强化从教情怀与长期从教意愿。

另外，随着教师教育的开放化，非师范院校毕业生的从教比例不断增加，从 2015 届的 8.8% 上升到了 2019 届的 11.0%。对于毕业生从教比例较高的非师范院校，也可考虑完善相应的课程体系与实践环节，以满足部分学生从教的需要。

分 报 告

Sub-reports

B.2
本科生毕业去向分析

摘　要： 在经济增速放缓与毕业生人数持续增加的背景下，本科毕业
生就业难度增大，但同期研究生扩招，对就业起到了缓冲作
用。通过对2019届本科毕业生的毕业去向分析发现，毕业
生升学比例持续上升，同时计划升学的毕业生五年翻了一
倍，待就业毕业生整体持稳；从不同区域来看，珠三角地区
本科院校毕业生就业率最高，东北地区最低；从各学科门类
来看，工学、管理学就业率持续较高，而人文社科艺术类相
对较低；新增数量较多的本科专业就业优势凸显。从待就业
毕业生的计划来看，虽大多在求职过程中，但求职人群六成
以上收到过录用通知，择业而非就业困难，是待就业群体待
业的主要原因。

关键词： 应届毕业生　毕业去向　就业率

一 毕业去向分布

毕业半年后：2019 届毕业生毕业第二年（即 2020 年）的 1 月左右。麦可思在此时展开跟踪评价。此时毕业生的就业状况趋于稳定，有工作经历的毕业生也能够评估工作对自己知识、能力的要求水平。

毕业五年后：麦可思于 2019 年对 2014 届大学毕业生进行了五年后跟踪评价（曾于 2015 年初对这批大学毕业生进行毕业半年后跟踪评价），本报告涉及的五年内的变化分析即使用两次对同一批大学生的跟踪评价数据。

毕业去向分布：麦可思将中国本科毕业生的毕业状况分为六类：受雇工作、自主创业、入伍、国内外读研、准备考研、待就业。其中，受雇工作包含受雇全职工作、受雇半职工作，受雇全职工作指平均每周工作 32 小时或以上，受雇半职工作指平均每周工作 20 小时到 31 小时。国内外读研包含正在国内读研、正在港澳台地区及国外读研。准备考研包含"无工作，准备国内读研""无工作，准备到港澳台地区及国外读研"。待就业包含"无工作，继续寻找工作""无工作，其他"。

院校类型：本报告分析中，本科院校类型划分为"双一流"院校和地方本科院校。其中**"双一流"院校**包含一流大学建设高校 42 所、一流学科建设高校 95 所，**地方本科院校**包含除"双一流"院校以外的其他本科院校。

应届本科毕业生升学深造比例持续上升，追求学历提升对稳定就业起到一定效果，待就业比例无明显增加。从本科毕业生的毕业去向来看，国内外读研的比例明显上升，从 2015 届的 15.6% 上升到了 2019 届的 17.4%；同时准备考研的毕业生五年翻了一倍，从 2015 届的 2.1% 上升到了 2019 届的 4.5%；读研比例的上升导致毕业后直接工作（受雇工作、自主创业）的比例有相应的变化，从 2015 届的 77.3% 变化为 2019 届 73.5%。此外，入伍和待就业的毕业生五年持稳（见表 2-1）。

表2-1 2015~2019届本科院校毕业生半年后的去向分布变化

单位：%，个百分点

本科院校毕业生 毕业去向分布	2019届	2018届	2017届	2016届	2015届	2019-2015届
受雇工作	71.9	73.6	74.4	75.1	75.2	-3.3
自主创业	1.6	1.8	1.9	2.1	2.1	-0.5
入伍	0.2	0.3	0.3	0.4	0.5	-0.3
国内外读研	17.4	16.8	16.4	15.5	15.6	1.8
准备考研	4.5	3.3	2.7	2.3	2.1	2.4
待就业	4.4	4.2	4.3	4.6	4.5	-0.1

注："2019-2015届"表示以2019届的就业比例减去2015届的就业比例，下同。
数据来源：麦可思-中国2015~2019届大学毕业生培养质量跟踪评价。

从不同院校类型来看，"双一流"院校近六成毕业生毕业后直接工作，近四成毕业后升学深造和计划升学，这也体现了"双一流"院校的人才培养特点。针对这一特征，高校管理者在人才培养目标定位、课程教学内容安排及学生管理体系建设等方面需统筹考虑本科和研究生阶段，特别是两者的衔接与过渡，持续探索"本研一体"的人才培养模式（见表2-2）。

地方本科院校毕业生以就业工作为主，近八成毕业生毕业后直接工作，毕业后升学深造和计划升学者接近两成。值得注意的是，计划升学的比例增长明显，从2015届的2.0%上升到2019届的4.6%，上升2.6个百分点。针对这一情况，高校管理者需进一步关注在校学生的读研意愿，并完善考研/保研服务工作，指导学生合理规划与备考，从而更好地促进应届毕业生的去向落实与发展（见表2-3）。

表2-2 2015~2019届"双一流"院校毕业生半年后的去向分布变化

单位：%，个百分点

"双一流"院校毕业生 毕业去向分布	2019届	2018届	2017届	2016届	2015届	2019-2015届
受雇工作	57.3	58.9	59.6	61.0	61.5	-4.2
自主创业	0.9	1.0	1.1	1.1	1.0	-0.1
入伍	0.4	0.6	0.7	0.7	0.9	-0.5

"双一流"院校毕业生毕业去向分布	2019 届	2018 届	2017 届	2016 届	2015 届	2019 - 2015 届
国内外读研	34.8	34.0	33.4	32.1	31.7	3.1
准备考研	4.4	2.9	2.6	2.3	2.5	1.9
待就业	2.2	2.6	2.6	2.8	2.4	- 0.2

数据来源：麦可思 - 中国 2015～2019 届大学毕业生培养质量跟踪评价。

表 2 - 3　2015～2019 届地方本科院校毕业生半年后的去向分布变化

单位：%，个百分点

地方本科院校毕业生毕业去向分布	2019 届	2018 届	2017 届	2016 届	2015 届	2019 - 2015 届
受雇工作	74.8	76.7	77.4	77.9	78.0	- 3.2
自主创业	1.7	1.9	2.1	2.3	2.3	- 0.6
入伍	0.2	0.2	0.2	0.3	0.4	- 0.2
国内外读研	13.9	13.3	12.9	12.2	12.3	1.6
准备考研	4.6	3.4	2.7	2.3	2.0	2.6
待就业	4.8	4.5	4.7	5.0	5.0	- 0.2

数据来源：麦可思 - 中国 2015～2019 届大学毕业生培养质量跟踪评价。

本科毕业生毕业五年后充分就业，工作整体稳定。"双一流"院校毕业生仍在深造的比例相对较高，地方本科院校毕业生自主创业的比例相对较高。具体来看，"双一流"院校 2014 届毕业五年后的本科毕业生正在读研的比例为 6.4%，高于地方本科院校（2.5%）；地方本科院校自主创业的比例为 5.3%，高于"双一流"院校（2.4%），也高于自身半年后的自主创业比例（2.2%），五年内新增创业较多（见图 2 -1）。

二　就业率分析

就业率：本科毕业生的就业率 = 已就业本科毕业生数/本科毕业生总数。其中已就业人群包括"受雇工作""自主创业""入伍""国内外读研"四

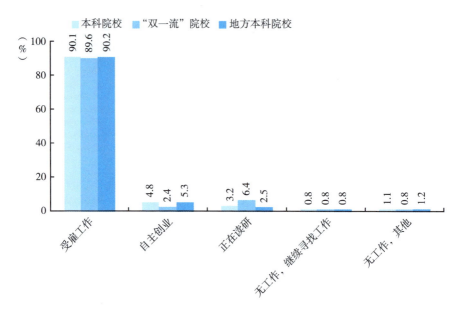

图 2 - 1　2014 届本科生毕业五年后的去向分布

数据来源：麦可思 - 中国 2014 届大学毕业生五年后职业发展跟踪评价。

类。需要说明的是，自 2020 年的报告开始就业率统计均包含升学人群，在本年度展示的往届就业率也均重新统计纳入升学人群。

　　近年来在经济增速放缓与毕业生人数持续增加的背景下，本科毕业生就业难度增大。2015～2019 年 GDP 增速逐渐放缓，而普通本专科毕业生规模持续增大①。当然由于同期研究生扩招②，应届本科毕业生正在读研和计划读研的比例增加，待就业保持稳定，研究生教育起到了对就业的缓冲作用，在稳定就业的同时，也为未来经济发展储备了高层次人才。同时也应该关注规模越来越大的研究生群体的就业状况。应届本科毕业生半年后就业率近五

---

① 根据近五年的《中华人民共和国国民经济和社会发展统计公报》，2019 年 GDP 比上年增长6.1%，低于前四年的增速（6.7%～7.0%）；同期普通本专科毕业生规模从 681 万增加到759 万。

② 2015～2018 年的《全国教育事业发展统计公报》显示，硕士招生人数从 2015 年的 57 万增长到 2018 年的 76 万。

届整体稳定在91%以上，其中"双一流"院校在93%以上，地方本科院校在90%以上（见图2-2、图2-3）。

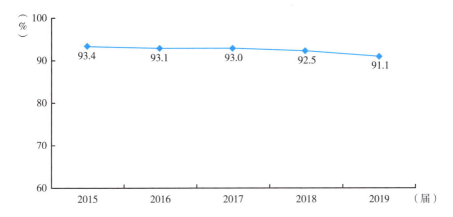

图2-2　2015~2019届本科生毕业半年后的就业率变化趋势

数据来源：麦可思-中国2015~2019届大学毕业生培养质量跟踪评价。

图2-3　2015~2019届各类型本科院校本科生毕业半年后的就业率变化趋势

数据来源：麦可思-中国2015~2019届大学毕业生培养质量跟踪评价。

经济区域：本研究把全国内地31个省、自治区和直辖市分为八个经济区域。

a. 东北区域经济体：包括黑龙江、吉林、辽宁；

　　b. 泛渤海湾区域经济体：包括北京、天津、山东、河北、内蒙古、山西；

　　c. 陕甘宁青区域经济体：包括陕西、甘肃、宁夏、青海；

　　d. 中原区域经济体：包括河南、湖北、湖南；

　　e. 泛长江三角洲区域经济体：包括上海、江苏、浙江、江西、安徽；

　　f. 泛珠江三角洲区域经济体：包括广东、广西、福建、海南；

　　g. 西南区域经济体：包括重庆、四川、贵州、云南；

　　h. 西部生态经济区：包括西藏、新疆。

　　从不同区域来看，2019 届泛珠三角地区本科院校毕业生毕业半年后的就业率最高（94.8%），其次是泛长三角地区（94.4%），而东北地区最低（88.6%）。这也与泛珠三角、泛长三角地区可提供给应届本科毕业生的就业机会更多有关。

表 2-4　2017~2019 届各经济区域本科毕业生毕业半年后的就业率变化趋势

单位：%

经济区域	本科院校毕业生毕业半年后的就业率		
	2019 届	2018 届	2017 届
泛珠江三角洲区域经济体	94.8	94.8	94.9
泛长江三角洲区域经济体	94.4	95.0	95.5
中原区域经济体	91.4	92.9	93.5
陕甘宁青区域经济体	91.4	92.0	92.1
西南区域经济体	90.5	91.8	92.2
泛渤海湾区域经济体	90.2	91.8	92.6
东北区域经济体	88.6	89.0	89.2
全国本科	**91.1**	**92.5**	**93.0**

　　注：西部生态经济区因为样本较少，没有包括在内。

　　数据来源：麦可思-中国 2017~2019 届大学毕业生培养质量跟踪评价。

　　学科门类：按照教育部的专业目录，本次跟踪评价覆盖了本科院校所开设的学科门类 12 个。

　　专业类：按照教育部的专业目录，本次跟踪评价覆盖了本科院校所开设的专业类 90 个。

专业：按照教育部的专业目录，本次跟踪评价覆盖了本科院校所开设的专业 382 个。

从不同学科门类来看，工学、管理学就业率连续三届位列前两位，而人文社科艺术类相对较低。2019 届本科毕业生毕业半年后就业率最高的学科门类是工学（93.0%），其次是管理学、医学（均为 92.3%）；而法学（86.4%）、艺术学（87.1%）、历史学（88.2%）就业率相对较低。

具体到各专业类来看，除工学、管理学外，医学学科门类下属的护理学类（94.4%）、医学技术类（94.1%）、临床医学类（94.0%）专业就业率也相对较高，这也与全面开放二孩生育、人口老龄化带来的医疗服务需求的上升有关（见表 2-5、表 2-6）。

表 2-5　2017～2019 届本科各学科门类毕业生毕业半年后的就业率

单位：%

本科学科门类名称	2019 届	2018 届	2017 届
工学	93.0	94.4	94.7
管理学	92.3	93.6	94.0
医学	92.3	93.2	93.5
农学	91.9	93.4	93.5
理学	91.1	92.4	92.8
教育学	91.0	91.9	92.0
经济学	90.2	91.7	91.8
文学	89.4	90.5	90.9
历史学	88.2	88.6	89.4
艺术学	87.1	88.3	88.9
法学	86.4	88.2	88.2
全国本科	**91.1**	**92.5**	**93.0**

注：个别学科门类因为样本较少，没有包括在内。

数据来源：麦可思－中国 2017～2019 届大学毕业生培养质量跟踪评价。

表 2-6 2017~2019 届本科主要专业类毕业生毕业半年后的就业率

单位：%

本科专业类名称	2019 届	2018 届	2017 届
管理科学与工程类	96.5	95.5	95.6
能源动力类	96.3	95.5	96.8
电气类	95.8	95.6	96.0
交通运输类	95.6	95.3	94.8
护理学类	94.4	95.3	95.4
环境科学与工程类	94.4	94.5	94.3
测绘类	94.2	95.0	95.2
计算机类	94.1	95.9	96.0
物流管理与工程类	94.1	95.7	95.7
医学技术类	94.1	95.0	94.6
电子商务类	94.1	95.0	95.5
临床医学类	94.0	94.6	94.2
轻工类	93.8	94.5	94.2
自动化类	93.6	94.8	95.1
地理科学类	93.4	93.9	95.8
生物科学类	93.4	93.8	92.8
安全科学与工程类	93.2	94.0	94.5
电子信息类	93.0	94.3	95.1
土木类	93.0	93.4	93.8
机械类	92.9	94.8	94.7
药学类	92.8	94.8	94.8
旅游管理类	92.7	92.8	93.1
财政学类	92.7	91.9	91.9
食品科学与工程类	92.6	92.7	93.3
公共管理类	92.4	93.6	92.1
数学类	92.1	92.1	93.3
教育学类	92.0	92.5	93.0
化学类	91.9	93.0	93.2
建筑类	91.9	92.9	93.1
生物工程类	91.7	92.1	92.5
化工与制药类	91.6	93.2	93.9
仪器类	91.6	93.1	93.6
材料类	91.5	93.7	94.2
统计学类	91.4	92.6	92.8

续表

本科专业类名称	2019 届	2018 届	2017 届
工商管理类	91.2	92.6	93.4
新闻传播学类	91.1	92.5	93.6
纺织类	91.1	91.7	91.2
经济与贸易类	91.0	92.8	92.9
社会学类	90.7	90.9	91.4
设计学类	90.6	91.6	90.1
矿业类	90.5	92.1	92.3
金融学类	90.5	91.3	91.8
经济学类	90.0	91.7	91.7
外国语言文学类	89.9	91.1	91.1
物理学类	89.5	90.3	90.4
马克思主义理论类	89.4	90.4	90.7
中国语言文学类	89.3	90.1	90.5
体育学类	89.2	90.5	91.2
地质类	89.0	90.8	92.6
历史学类	88.1	88.7	89.4
戏剧与影视学类	87.5	89.4	89.7
美术学类	87.3	88.9	89.6
心理学类	87.1	89.2	89.9
音乐与舞蹈学类	86.9	88.4	88.2
法学类	85.5	87.7	88.0
全国本科	**91.1**	**92.5**	**93.0**

注：个别专业类因为样本较少，没有包括在内。

数据来源：麦可思－中国 2017～2019 届大学毕业生培养质量跟踪评价。

随着人工智能的发展、产业转型升级的深入，信息服务、教育医疗、文体娱乐产业对相关专业人才需求增长较快。从 2019 届本科毕业生毕业半年后就业量最大的前 50 位专业来看，毕业生毕业半年后就业率较高的专业为工程管理（97.3%）、电气工程及其自动化（95.7%）、软件工程（95.6%）、信息管理与信息系统（95.2%）、药学（94.6%）、计算机科学与技术（94.5%）、电子信息工程（94.5%）、护理学（94.4%）、电子商务（94.1%）等（见表 2 - 7）。

表 2 – 7　2019 届本科毕业生毕业半年后就业量最大的前 50 位专业的就业率

单位：%

就业量最大的前 50 位专业名称	2019 届	2018 届	2017 届
工程管理	97.3	96.4	95.4
电气工程及其自动化	95.7	95.5	96.0
软件工程	95.6	97.1	97.0
信息管理与信息系统	95.2	96.4	96.0
药学	94.6	95.9	95.1
计算机科学与技术	94.5	95.4	94.8
电子信息工程	94.5	93.7	94.9
护理学	94.4	95.3	95.4
电子商务	94.1	95.0	95.6
物流管理	93.9	95.3	95.9
网络工程	93.9	94.4	94.9
机械设计制造及其自动化	93.7	93.9	94.8
通信工程	93.7	94.9	96.6
小学教育	93.6	95.2	94.5
数学与应用数学	93.5	93.2	93.5
市场营销	93.5	95.0	94.4
自动化	93.4	94.7	95.0
临床医学	93.3	94.2	93.9
旅游管理	93.1	94.0	93.4
土木工程	92.7	93.4	93.7
制药工程	92.7	95.2	95.6
应用化学	92.5	94.1	93.0
人力资源管理	92.4	94.3	94.2
公共事业管理	92.3	92.8	92.1
商务英语	92.1	91.8	93.4
财务管理	91.7	94.0	94.4
体育教育	91.7	92.0	91.3
生物科学	91.7	91.3	92.1
化学工程与工艺	91.7	92.8	93.9
汉语言文学	91.6	90.9	92.0
会计学	91.5	91.9	92.9
环境设计	91.5	90.3	90.5
学前教育	91.3	93.2	92.8
化学	91.2	91.9	93.5
国际经济与贸易	91.1	93.0	92.9
金融学	90.8	91.8	91.8

就业量最大的前50位专业名称	2019届	2018届	2017届
物理学	90.8	90.7	90.1
经济学	90.6	91.4	92.0
美术学	90.2	92.8	90.1
英语	90.0	92.0	92.2
视觉传达设计	89.9	90.2	90.1
工商管理	89.4	91.5	92.7
音乐学	89.4	90.6	90.4
思想政治教育	89.4	90.4	90.7
新闻学	89.4	90.8	91.5
历史学	88.8	88.4	89.4
广播电视编导	87.3	89.6	88.8
播音与主持艺术	87.1	89.2	90.2
法学	85.4	87.3	88.0
音乐表演	83.8	86.0	86.8
全国本科	**91.1**	**92.5**	**93.0**

数据来源：麦可思－中国2017～2019届大学毕业生培养质量跟踪评价。

从本科毕业生毕业半年后就业率排名前50的专业来看，工科专业过半，其中排名靠前的为微电子科学与工程（97.2%）、信息安全（97.2%）、信息工程（96.6%）、给排水科学与工程（96.4%）、交通运输（96.4%）；管理学专业排名靠前的为工程管理（97.3%）、物流工程（95.6%）、信息管理与信息系统（95.2%）；医学专业排名靠前的为麻醉学（96.8%）、预防医学（96.4%）、康复治疗学（95.3%）；其他学科专业排名靠前的为广告学（94.8%）、数字媒体艺术（94.6%）、地理科学（94.1%）、园林（93.8%）、生物技术（93.7%）、小学教育（93.6%）（见表2 8）。

表2-8　2019届本科毕业生毕业半年后就业率排前50位的主要专业

单位：%

就业率排前50位的专业名称	就业率
工程管理	97.3
微电子科学与工程	97.2
信息安全	97.2
麻醉学	96.8

续表

就业率排前50位的专业名称	就业率
信息工程	96.6
预防医学	96.4
给排水科学与工程	96.4
交通运输	96.4
能源与动力工程	96.2
电气工程及其自动化	95.7
物流工程	95.6
软件工程	95.6
康复治疗学	95.3
环境工程	95.3
信息管理与信息系统	95.2
数字媒体技术	95.2
水利水电工程	95.0
测绘工程	94.9
广告学	94.8
工业工程	94.6
药学	94.6
数字媒体艺术	94.6
计算机科学与技术	94.5
医学影像学	94.5
光电信息科学与工程	94.5
电子信息工程	94.5
护理学	94.4
食品科学与工程	94.3
机械工程	94.3
车辆工程	94.2
电子商务	94.1
地理科学	94.1
物流管理	93.9
网络工程	93.9
汽车服务工程	93.8
园林	93.8
医学检验技术	93.8
通信工程	93.7
生物技术	93.7

就业率排前 50 位的专业名称	就业率
机械设计制造及其自动化	93.7
机械电子工程	93.6
小学教育	93.6
环境科学	93.6
人文地理与城乡规划	93.6
市场营销	93.5
交通工程	93.5
统计学	93.5
自然地理与资源环境	93.5
数学与应用数学	93.5
建筑学	93.5
全国本科	**91.1**

注：毕业生规模过小的专业不包括在此排序中。

数据来源：麦可思 – 中国 2019 届大学毕业生培养质量跟踪评价。

三　未就业分析

未就业：本研究将应届毕业生在毕业半年后跟踪评价时既没有受雇工作，也没有创业、入伍或升学的状态，视为未就业。这包括准备考研、还在找工作和其他暂不就业三种情况。

应届本科毕业生毕业半年后暂未就业人群中有半数以上计划读研，是暂未就业毕业生的首要构成，而待就业比例整体稳定。具体来看，计划读研的比例近五年持续上升，2019 届（4.5%）与 2015 届（2.1%）相比翻倍，这也反映了越来越多的毕业生想通过提高自身的知识水平和综合能力来增加未来在就业市场中的择业资本和竞争力；从待就业来看，近五年持稳，2019 届（4.4%）与 2015 届（4.5%）基本持平，待就业比例并没有上升（见图 2－4）。

待就业的本科毕业生并非就业困难人群，这主要与个人的择业标准、职业规划有关。2019 届待就业的本科毕业生有 61% 在求职中，这些求职中的毕业生有六成以上是收到过录用通知的，"个人发展空间不够""薪资福利偏低""单位管理制度和文化与预期不符"等是其未接受录用的主因，这也反映

图 2 - 4　2015~2019 届本科毕业生未就业比例变化趋势

数据来源：麦可思 - 中国 2015~2019 届大学毕业生培养质量跟踪评价。

出毕业生的个人就业意愿和社会意愿还存在很大差异。此外，还有 26% 的待就业本科毕业生在准备公务员考试、职业资格考试、创业或参加职业技能培训，这些都与毕业生的个人职业规划有关（见图 2 - 5、图 2 - 6、图 2 - 7）。

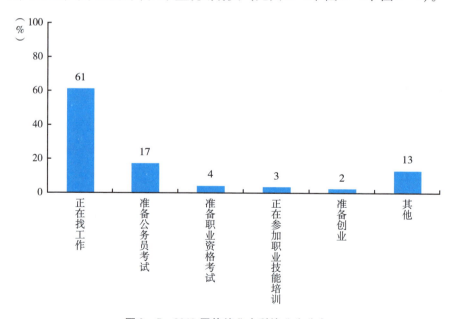

图 2 - 5　2019 届待就业本科毕业生分布

数据来源：麦可思 - 中国 2019 届大学毕业生培养质量跟踪评价。

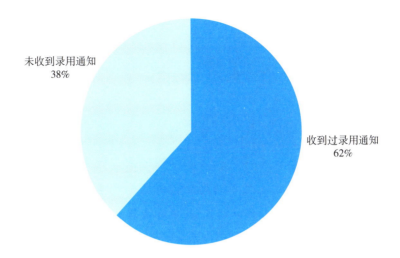

图 2 – 6　2019 届正在找工作的本科毕业生收到过录用通知的比例

数据来源：麦可思 – 中国 2019 届大学毕业生培养质量跟踪评价。

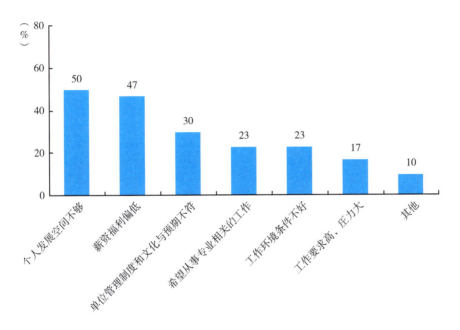

图 2 – 7　2019 届正在找工作本科毕业生收到过录用通知却未接受的原因（多选）

数据来源：麦可思 – 中国 2019 届大学毕业生培养质量跟踪评价。

B.3
本科毕业生就业结构分析

摘　要： 随着人工智能、5G、大数据等新兴产业的发展以及产业转型升级的深入，本科毕业生在不同地域、行业职业和用人单位就业的特点也发生了新的变化。从毕业生就业地来看，珠江三角洲地区、"新一线"城市对本科毕业生的吸引力不断增强，毕业生就业的重心持续下沉。从行业职业上看，教育、信息、文体娱乐等服务性行业需求增长，以互联网开发、新媒体运营、在线教育培训为代表的新兴职业成为应届本科毕业生就业增长点，行业职业需求增长也是造就绿牌专业的主要因素。民营企业、中小微企业是吸纳毕业生的主体，释放了更多的就业机会。

关键词： 本科生　就业地　用人单位　专业预警

一　就业地分析

从应届本科毕业生就业地①特点来看，2019届本科毕业生在泛长三角地区就业的占比（25.8%）最高，其次是泛珠三角地区（21.0%）；结合各地区本科院校2019届毕业生占比和就业率综合来看，泛珠三角地区人才的吸引力（毕业生占比13.4%、就业率94.8%）最大，其次是泛长三角地区（毕业生占比20.0%、就业率94.4%），而东北地区（毕业生占比10.5%、

---

① **就业地：** 指大学毕业生的就业所在地区。

就业率88.6%、本科毕业生在东北地区就业的占比为4.0%）人才流失较多（见图3－1、表2－4、技术报告表1）。

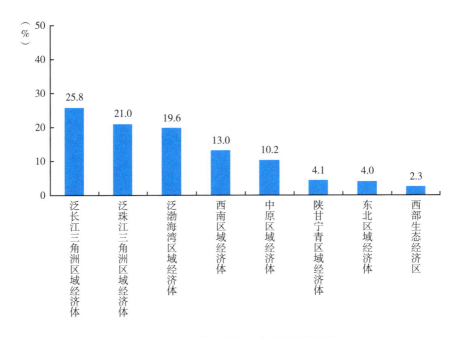

图3－1　2019届本科毕业生就业地的分布

数据来源：麦可思－中国2019届大学毕业生培养质量跟踪评价。

城市类型： 本研究对城市类型有两种划分方式。

1. 按行政级别把全国城市分为以下三种类型。

a. 直辖市：包括北京、上海、天津、重庆。

b. 副省级城市：包括哈尔滨、长春、沈阳、大连、济南、青岛、南京、杭州、宁波、厦门、广州、深圳、武汉、成都、西安15个城市。

c. 地级城市及以下：如绵阳、保定、苏州等，也包括省会城市如福州、银川等，以及地级市下属的县、乡等。

2. 按经济实力和综合影响力分为一线城市和新一线城市。

一线城市： 北京、上海、广州、深圳。

新一线城市：《第一财经周刊》于2013年首次提出"新一线城市"概

念,依据商业资源集聚度、城市枢纽性、城市人活跃度、生活方式多样性和未来可塑性五大指标,每年评出 15 座新一线城市。2019 年评出的 15 座新一线城市依次是:成都、杭州、重庆、武汉、西安、苏州、天津、南京、长沙、郑州、东莞、青岛、沈阳、宁波和昆明。

本科毕业生就业重心持续下沉。从近五年的数据来看,本科毕业生选择在地级城市及以下地区就业的比例持续上升,从 2015 届的 48% 上升到 2019 届的 53%;与此同时,毕业生选择在直辖市就业的比例持续下降,从 2015 届的 21% 下降到 2019 届的 16%;此外,毕业生选择在副省级城市就业的比例五年来整体稳定(见图 3-2)。

图 3-2　2015~2019 届本科毕业生就业城市类型分布变化

数据来源:麦可思-中国 2015~2019 届大学毕业生培养质量跟踪评价。

新一线城市对本科毕业生的吸引力不断增强。从近五年的数据来看,本科毕业生选择在新一线城市就业的比例从 2015 届的 22% 上升到 2019 届的 26%,而在一线城市就业的比例从 2015 届的 26% 下降到 2019 届的 20%(见图 3-3)。在新一线城市就业的应届本科毕业生中,外省籍毕业生占比从 2015 届的 28% 上升到了 2019 届的 38%,与一线城市(平均 68%)相比差距在逐渐缩小(见图 3-4)。在主要的新一线城市中,在杭州就业的本科毕业生中外省籍占比(61%)最高,其次为天津(60%),

均超过一线城市中的广州（45%）（见表 3 – 1）。综合来看，新一线城市就业机会多、人才落户难度较小、生活成本较低、生活环境好等优势对本地和外地人才均有强大的吸引力，正不断追赶以往在人才方面占据绝对优势的一线城市。

图 3 – 3　2015 ～ 2019 届本科毕业生在一线、新一线城市就业的比例变化趋势

数据来源：麦可思 – 中国 2015 ～ 2019 届大学毕业生培养质量跟踪评价。

**图 3 – 4　2015 ～ 2019 届在一线、新一线城市就业的本科
毕业生中外省籍占比的变化趋势**

数据来源：麦可思 – 中国 2015 ～ 2019 届大学毕业生培养质量跟踪评价。

表3–1　在各城市就业的2017～2019届本科毕业生中外省人占比

单位：%

城市	在该城市就业的本科毕业生中外省人占比	城市	在该城市就业的本科毕业生中外省人占比
北京	85	杭州	61
上海	79	天津	60
深圳	67	苏州	46
广州	45	南京	36
		成都	35
		西安	34
		宁波	33
		武汉	25
		重庆	22
		郑州	10

数据来源：麦可思–中国2017～2019届大学毕业生培养质量跟踪评价。

二　行业、职业流向分析

（一）就业的主要行业及变化趋势

行业：根据麦可思中国行业分类体系，本次跟踪评价覆盖了本科毕业生就业的325个行业。

本部分各图表中的"就业比例" = 在某类行业中就业的本科毕业生人数/全国同届次本科毕业生就业总数。

教育、信息、文体娱乐等服务性行业需求增长，应届本科毕业生在该类行业就业量增多。从毕业生就业行业的占比来看，2019届本科毕业生毕业半年后就业最多的行业类是"教育业"（15.9%），其次是"建筑业""信息传输、软件和信息技术服务业"（均为8.9%）。与2015届相比，2019届本科毕业生就业比例增加较多的行业类为"教育业""文化、体育和娱乐业""运输业"（分别增加了 2.3 个、1.0 个、0.9 个百分点）；就业比例降低较多的行业类是"金融业""交通运输设备制造业"（分别降低了 1.8 个、1.1 个百分点）。从应届本科毕业生就业行业的变化趋势来看，在就业比例排名前十位的行业类中，应届本科毕业生在"教育业""文化、体育和娱乐业"行业类就业的比例逐届增加（见表 3 - 2）。

具体来看，在"教育业"的就业增长主要是"民办中小学及教辅机构"的需求增长，从 2015 届的 5.7% 上升到 2019 届的 7.6%，增加 1.9 个百分点，其次是"公办中小学教育机构"，从 2015 届的 5.5% 上升到 2019 届的 6.1%，增加 0.6 个百分点；在"文化、体育和娱乐业"的就业增长主要是"体育、娱乐业"（如游戏行业、体育竞赛表演等）的需求增长，从 2015 届的 1.1% 上升到 2019 届的 1.8%，增加 0.7 个百分点；在"运输业"的就业增长主要是"航空运输业"（客运和货运）的需求增长，从 2015 届的 0.6% 上升到 2019 届的 1.2%，增加 0.6 个百分点。

表 3 - 2　2015~2019 届本科毕业生就业的主要行业类变化趋势

单位：%，个百分点

行业类名称	就业比例					
	2019 届	2018 届	2017 届	2016 届	2015 届	2019 - 2015 届
教育业	15.9	14.9	14.7	13.7	13.6	2.3
建筑业	8.9	9.1	8.4	8.6	8.2	0.7
信息传输、软件和信息技术服务业	8.9	8.8	8.5	8.4	8.4	0.5
金融业	7.8	8.1	9.0	10.0	9.6	-1.8
医疗和社会护理服务业	6.0	6.2	6.3	5.1	5.7	0.3
政府及公共管理	6.0	6.0	5.9	5.6	5.3	0.7
各类专业设计与咨询服务业	5.8	5.5	5.4	5.3	5.5	0.3
电子电气设备制造业（含计算机、通信、家电等）	5.7	5.6	5.9	5.8	6.2	-0.5
文化、体育和娱乐业	4.6	4.2	3.9	3.8	3.6	1.0
零售业	3.4	4.0	4.1	4.1	3.8	-0.4
机械设备制造业	2.4	2.4	2.7	2.9	3.0	-0.6
运输业	2.4	2.2	2.0	2.3	1.5	0.9

续表

行业类名称	就业比例					
	2019 届	2018 届	2017 届	2016 届	2015 届	2019－2015 届
房地产开发及租赁业	2.3	2.4	2.3	2.1	2.3	0.0
电力、热力、燃气及水生产和供应业	2.2	1.6	1.8	2.6	2.3	－0.1
医药及设备制造业	2.0	1.8	1.6	1.6	1.6	0.4
行政、商业和环境保护辅助业	1.9	2.1	2.0	2.0	2.5	－0.6
化学品、化工、塑胶制造业	1.8	1.9	1.9	1.8	1.8	0.0
居民服务、修理和其他服务业	1.5	1.8	1.8	1.6	1.8	－0.3
交通运输设备制造业	1.5	1.9	2.4	2.6	2.6	－1.1
住宿和餐饮业	1.3	1.5	1.4	1.4	1.4	－0.1
纺织、服装、皮革制造业	1.0	1.0	1.1	1.0	1.2	－0.2
食品、烟草、加工业	0.9	1.0	1.1	1.4	1.4	－0.5
其他制造业	0.9	0.6	0.6	0.5	0.7	0.2
邮递、物流及仓储业	0.7	0.9	0.9	1.1	1.1	－0.4
采矿业	0.6	0.6	0.5	0.4	0.7	－0.1
农、林、牧、渔业	0.6	0.8	0.7	0.8	1.0	－0.4
批发业	0.6	0.9	0.9	1.0	1.0	－0.4
家具制造业	0.5	0.6	0.7	0.7	0.6	－0.1
初级金属制造业	0.5	0.6	0.5	0.6	0.6	－0.1
玻璃黏土、石灰水泥制品业	0.4	0.4	0.4	0.3	0.3	0.1
群众团体、社会团体和宗教组织	0.2	0.1	0.2	0.2	0.2	0.0
木品和纸品业	0.2	0.2	0.3	0.2	0.3	－0.1
其他租赁业	0.2	0.1	0.2	0.3	0.1	0.1

注：表中显示数字均保留一位小数，因为四舍五入进位，加起来可能不等于 100％。

数据来源：麦可思－中国 2015～2019 届大学毕业生培养质量跟踪评价。

表 3－3　2019 届本科毕业生就业量最大的前 50 位行业

单位：％

行业名称	就业比例
中小学教育机构	9.9
软件开发业	3.8
综合医院	2.9
其他金融投资业	2.1

续表

行业名称	就业比例
互联网运营与网络搜索引擎业	2.1
住宅建筑施工业	2.1
发电、输电业	1.9
储蓄信用中介	1.9
教育辅助服务业	1.9
高速公路、街道及桥梁建筑业	1.9
其他学院和培训机构	1.8
会计、审计与税务服务业	1.6
其他各级党政机关	1.5
建筑基础、结构、楼房外观承建业	1.5
药品和医药制造业	1.3
其他娱乐和休闲产业	1.3
其他信息服务业	1.2
通信设备制造业	1.2
中国人民银行、保监会和证监会	1.2
司法、执法部门（公检法）	1.2
非住宅建筑施工业	1.1
房地产开发业	1.1
其他个人服务业	1.1
半导体和其他电子元件制造业	1.1
计算机及外围设备制造业	1.0
航空运输服务业	0.9
保险机构	0.9
幼儿园与学前教育机构	0.9
其他公共管理服务组织	0.9
其他制造业	0.9
广告及相关服务业	0.8
建筑装修业	0.8
电影与影视产业	0.7
建筑、工程及相关咨询服务业	0.7
保险代理、经销、其他保险相关业	0.7
医疗设备及用品制造业	0.7
法律、知识产权服务业	0.7
计算机系统设计服务业	0.7

续表

行业名称	就业比例
电气设备制造业	0.7
中医医院	0.7
各级党政领导机构及人大、政协	0.6
其他化工产品制造业	0.6
百货零售业	0.6
数据处理、托管和相关服务业	0.6
家用电器制造业	0.6
物流仓储业	0.6
专科医院	0.6
其他电气设备及元器件生产业	0.5
综合性餐饮业	0.5
中等职业教育机构	0.5

数据来源：麦可思－中国2019届大学毕业生培养质量跟踪评价。

（二）行业转换率

行业转换率：行业转换是指毕业生在毕业半年后就业于某行业（小类），而毕业五年后进入不同的行业就业。行业转换率是指有多大比例的毕业生在毕业五年内转换了行业。其计算方法为：分母是毕业半年后有工作的毕业生数，分子是毕业五年后所在行业与半年后所在行业不同的毕业生数。

本科毕业生工作五年内有41%转换了行业，"双一流"院校该比例相对较低，2014届"双一流"院校本科毕业生工作五年内有32%转换了行业，地方本科院校为43%（见图3－5）。从各学科来看，管理学、艺术学毕业生五年内的行业转换率较高（分别为48%、46%），医学毕业生五年内的行业转换率最低（22%），其次是教育学（25%）（见表3－4）。这主要与各学科服务的行业聚集度有关，管理学、艺术学服务的行业领域较广，而医学、教育学相对集中，主要为医疗、教育机构。

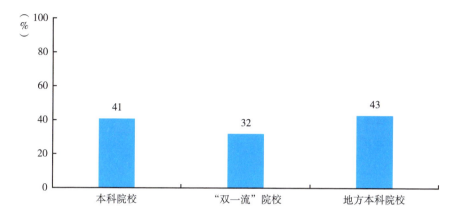

图 3 - 5　2014 届本科毕业五年内的行业转换率

数据来源：麦可思 - 中国 2014 届大学毕业生五年后职业发展跟踪评价，2014 届大学毕业生培养质量跟踪评价。

表 3 - 4　2014 届本科各学科门类五年内的行业转换率

单位：%

本科学科门类名称	2014 届五年内行业转换率
管理学	48
艺术学	46
文学	44
工学	44
农学	44
经济学	41
法学	39
理学	36
教育学	25
医学	22
全国本科	**41**

注：个别学科门类因为样本较少，没有包括在内。

数据来源：麦可思 - 中国 2014 届大学毕业生五年后职业发展跟踪评价，2014 届大学毕业生培养质量跟踪评价。

从不同行业类来看，个人消费服务领域的本科毕业生行业转换率最高，公共服务领域的本科毕业生行业转换率最低。2014 届本科毕业生五年内行业转换率最高的前五位行业类是"居民服务、修理和其他服务业"（74%）、"零售业"（73%）、"批发业"（72%）、"文化、体育和娱乐业"（71%）、"住宿和餐饮业"（68%），最低的前五位行业类是"电力、热力、燃气及水生产和供应业"（26%）、"教育业"（32%）、"医疗和社会护理服务业"（35%）、"运输业"（37%）、"政府及公共管理"（39%），这些行业的相关专业人才从业的岗位门槛也比较高（见图3-6、图3-7）。

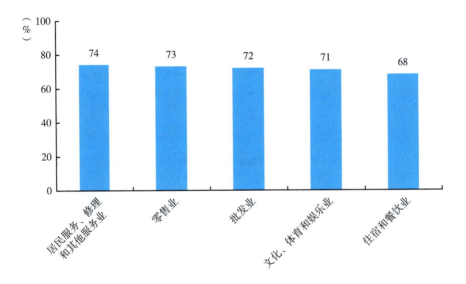

图3-6　2014届本科毕业生五年内行业转换率最高的前五位行业类

注：毕业生规模过小的行业类不包括在此排序中。

数据来源：麦可思-中国2014届大学毕业生五年后职业发展跟踪评价，2014届大学毕业生培养质量跟踪评价。

（三）从事的主要职业及变化趋势

职业：根据麦可思中国职业分类体系，本次跟踪评价覆盖了本科毕业生能够从事的587个职业。

本节各表中的"就业比例" = 在某类职业中就业的本科毕业生人数/全国同届次本科毕业生就业总数。

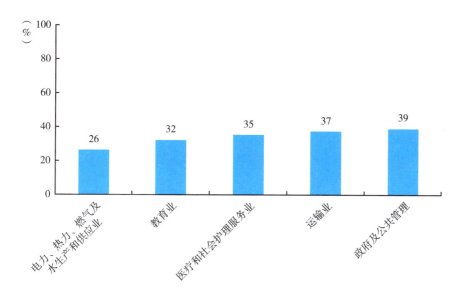

图 3 - 7　2014 届本科毕业生五年内行业转换率最低的前五位行业类

注：毕业生规模过小的行业类不包括在此排序中。

数据来源：麦可思 - 中国 2014 届大学毕业生五年后职业发展跟踪评价，2014 届大学毕业生培养质量跟踪评价。

随着人工智能、5G、工业互联网等的快速发展，以互联网开发、新媒体运营、在线教育培训为代表的新兴职业成为应届本科毕业生就业增长点。从毕业生就业岗位的占比来看，2019 届本科毕业生毕业半年后就业最多的职业类是"中小学教育"（10.1%），其后是"财务/审计/税务/统计"（7.7%）、"行政/后勤"（6.9%）、"互联网开发及应用"（6.0%）等。与2015 届相比，2019 届本科毕业生就业比例增加较多的职业类为"中小学教育""媒体/出版""互联网开发及应用""幼儿与学前教育"（分别增加了1.4 个、1.0 个、0.8 个、0.8 个百分点）；就业比例降低较多的职业类是"销售""财务/审计/税务/统计"（分别降低了 1.4 个、0.7 个百分点）。

从毕业生就业岗位的变化趋势来看，在就业比例排名前十位的职业类中，应届本科毕业生在"中小学教育""互联网开发及应用"职业类就业的比例近四年逐届增加，其中"中小学教育"类职业在培训机构的需求更大

（见表3－5）。

值得注意的是，"媒体/出版"类岗位的就业增长主要是以直播、短视频、内容运营、新媒体策划为代表的职位需求增长，这类新兴＋传统型的复合型职位对人才的"软技能"（沟通能力、管理能力、领导能力等）要求更高。

表3－5　2015～2019届本科毕业生从事的主要职业类变化趋势

单位：%，个百分点

职业类名称	就业比例					
	2019 届	2018 届	2017 届	2016 届	2015 届	2019－2015 届
中小学教育	10.1	9.7	9.5	8.7	8.7	1.4
财务/审计/税务/统计	7.7	8.0	8.2	8.9	8.4	－0.7
行政/后勤	6.9	7.2	7.4	7.6	7.3	－0.4
互联网开发及应用	6.0	5.9	5.7	5.0	5.2	0.8
建筑工程	5.9	5.9	5.3	5.5	6.0	－0.1
金融（银行/基金/证券/期货/理财）	5.7	6.4	7.0	6.8	6.1	－0.4
计算机与数据处理	5.7	5.9	5.8	6.4	5.1	0.6
销售	5.3	4.9	5.3	6.7	6.7	－1.4
医疗保健/紧急救助	5.1	5.4	5.7	4.2	4.7	0.4
媒体/出版	3.8	4.1	4.2	3.3	2.8	1.0
电气/电子(不包括计算机)	3.5	3.2	3.6	3.4	3.8	－0.3
美术/设计/创意	2.5	2.5	2.5	2.5	2.6	－0.1
机械/仪器仪表	2.3	2.3	2.4	2.4	2.8	－0.5
职业/教育培训	2.3	1.9	1.5	1.7	2.3	0.0
生产/运营	2.2	2.0	1.9	2.0	2.1	0.1
人力资源	2.1	2.4	2.3	2.2	2.5	－0.4
幼儿与学前教育	1.7	1.9	1.4	1.4	0.9	0.8
表演艺术/影视	1.7	1.3	1.2	1.0	1.1	0.6
交通运输/邮电	1.7	1.3	1.1	1.4	1.0	0.7
生物/化工	1.6	1.5	1.3	1.2	1.3	0.3
电力/能源	1.3	1.1	1.2	1.9	1.5	－0.2
公安/检察/法院/经济执法	1.1	1.0	1.0	1.1	1.5	－0.4
房地产经营	1.0	1.0	1.0	1.1	1.0	0.0
保险	1.0	1.0	1.2	1.4	1.2	－0.2

续表

职业类名称	就业比例					
	2019 届	2018 届	2017 届	2016 届	2015 届	2019 – 2015 届
经营管理	1.0	0.8	1.0	1.0	0.9	0.1
酒店/旅游/会展	1.0	1.0	1.0	0.9	0.8	0.2
物流/采购	0.9	0.9	0.9	1.1	1.1	− 0.2
餐饮/娱乐	0.9	0.7	0.8	0.8	0.9	0.0
机动车机械/电子	0.8	0.9	1.2	1.2	1.3	− 0.5
文化/体育	0.7	0.9	0.8	0.6	0.4	0.3
工业安全与质量	0.7	0.9	0.8	0.8	0.9	− 0.2
环境保护	0.7	0.6	0.6	0.6	0.8	− 0.1
律师/律政调查员	0.7	0.6	0.6	0.5	0.7	0.0
社区工作者	0.6	0.6	0.6	0.6	0.7	− 0.1
测绘	0.6	0.5	0.6	0.5	0.7	− 0.1
研究人员	0.6	0.6	0.6	0.5	0.6	0.0
航空机械/电子	0.6	0.4	0.4	0.6	0.2	0.4
农/林/牧/渔类	0.4	0.5	0.4	0.5	0.6	− 0.2
矿山/石油	0.4	0.4	0.3	0.3	0.4	0.0
服装/纺织/皮革	0.3	0.3	0.3	0.3	0.5	− 0.2
翻译	0.3	0.5	0.6	0.6	0.8	− 0.5
公共关系	0.2	0.3	0.4	0.4	0.6	− 0.4
冶金材料	0.2	0.2	0.1	0.2	0.2	0.0
船舶机械	0.2	0.1	0.1	0.1	0.2	0.0
美容/健身	0.2	0.2	0.3	0.2	0.2	0.0

注：表中显示数字均保留一位小数，因为四舍五入进位，加起来可能不等于100%。

数据来源：麦可思 – 中国 2015 ~2019 届大学毕业生培养质量跟踪评价。

表 3 – 6　2019 届本科毕业生就业量最大的前 50 位职业

单位：%

职业名称	就业比例
文员	4.2
小学教师	4.0
会计	4.0
初中教师	3.2
互联网开发人员	3.0
银行柜员	2.3

续表

职业名称	就业比例
计算机程序员	2.2
高中教师	2.0
教育培训人员	1.8
行政秘书和行政助理	1.6
出纳员	1.5
护士	1.5
电子商务专员	1.1
幼儿教师	1.1
审计人员	1.1
建筑技术人员	1.0
施工工程技术人员	1.0
各类销售服务人员	0.9
编辑	0.8
电子工程技术人员	0.8
室内设计师	0.8
土木工程技术人员	0.7
平面设计人员	0.7
房地产经纪人	0.7
化学技术人员	0.7
预算员	0.7
人力资源助理	0.7
电气工程技术人员	0.7
运营经理	0.6
市场专员	0.6
信息支持与服务人员	0.6
法律职员	0.6
教学辅助人员	0.5
销售代表（医疗用品）	0.5
软件质量保证和测试工程技术人员	0.5
人力资源服务人员	0.5
电气技术人员	0.5
网络管理人员	0.5
电厂操作人员	0.5
警察	0.5
计算机技术支持人员	0.5

续表

职业名称	就业比例
计算机软件应用工程技术人员	0.5
招聘专职人员	0.5
网络传媒工作人员	0.5
测绘技术人员	0.5
销售经理	0.5
营业员	0.4
客服专员	0.4
康复治疗师	0.4
数据统计分析人员	0.4

数据来源：麦可思－中国 2019 届大学毕业生培养质量跟踪评价。

（四）职业转换率

职业转换： 职业转换是指毕业生在毕业半年后从事某种职业，毕业五年后由原职业转换到不同的职业。转换职业通常在工作单位内部完成的并不代表离职；反过来讲，更换雇主可能也不代表转换职业。

职业转换率： 职业转换率是指有多大比例的毕业生在毕业五年内转换了职业。其计算方法为：分母是毕业半年后有工作的毕业生数，分子是毕业五年后从事的职业与半年后从事的职业不同的毕业生数。

本科毕业生工作五年内有 39% 转换了职业，"双一流"院校 2014 届本科毕业生工作五年内有 32% 转换了职业，地方本科院校为 41%。从不同学科门类来看，文学（44%）、管理学（43%）、艺术学（43%）、农学（43%）毕业生五年内的职业转换率较高；医学毕业生五年内的职业转换率最低（19%），其次是教育学（26%）（见图 3－8、表 3－7）。

具体来看，管理学、艺术学、农学本科毕业生毕业半年后工作与专业相关的比例低于全国本科平均，职业转换也与岗位发展有关；而医学和教育学毕业生从事相关工作领域的比例较高，从业门槛也较高，相对比较稳定（见表 6－1、表 6－2）。

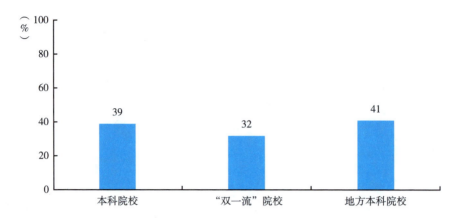

图 3 - 8 2014 届本科毕业生毕业五年内的职业转换率

数据来源：麦可思 – 中国 2014 届大学毕业生五年后职业发展跟踪评价，2014 届大学毕业生培养质量跟踪评价。

表 3 - 7 2014 届本科各学科门类五年内的职业转换率

单位：%

本科学科门类名称	2014 届五年内职业转换率
文学	44
管理学	43
艺术学	43
农学	43
法学	42
工学	41
经济学	40
理学	31
教育学	26
医学	19
全国本科	**39**

注：个别学科门类因为样本较少，没有包括在内。

数据来源：麦可思 – 中国 2014 届大学毕业生五年后职业发展跟踪评价，2014 届大学毕业生培养质量跟踪评价。

三　用人单位流向分析

民企是雇用本科毕业生的主力军，民营经济带动就业增长。本科毕业生在各类企业就业的比例近三年比较稳定，2019届本科毕业生在民营企业/个体就业的比例（53%）最高，其次是国有企业、政府机构/科研或其他事业单位（均为20%）（见图3－9）。从不同学科门类来看，艺术学、农学、理学、管理学、文学、工学在民企/个体就业更多，而历史学、教育学、医学在政府机构/科研或其他事业单位就业更多，医学主要在医院，这也与各学科的人才培养目标定位有关（见图3－10）。

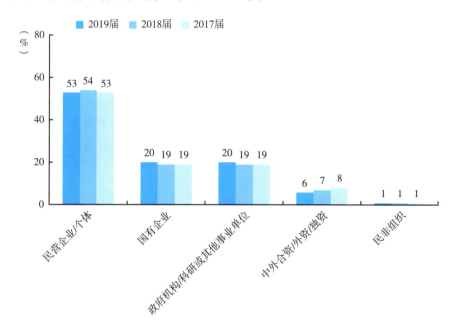

图3－9　2017～2019届本科毕业生就业的用人单位类型分布变化趋势

数据来源：麦可思－中国2017～2019届大学毕业生培养质量跟踪评价。

中小微企业是吸纳本科毕业生的重要载体，这也意味着，初创型企业针对应届本科毕业生释放了更多的就业机会。本科毕业生在各规模企业就业的比例近三年比较稳定，2019届本科毕业生在300人及以下的企业就业的比

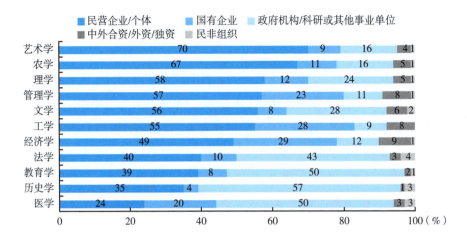

图 3 - 10 2019 届本科各学科门类就业的用人单位类型分布

注：个别学科因为样本较少，没有包括在内。

数据来源：麦可思 - 中国 2019 届大学毕业生培养质量跟踪评价。

例（49%）最高，其次是 3000 人以上的大企业（25%）。从不同学科门类来看，文科类学科在 300 人及以下单位就业更多，主要为教育学、艺术学、历史学、法学、文学等（见图 3 - 11、图 3 - 12）。

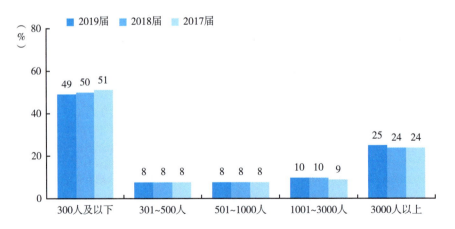

图 3 - 11 2017 ~ 2019 届本科毕业生就业的用人单位规模分布变化趋势

数据来源：麦可思 - 中国 2017 ~ 2019 届大学毕业生培养质量跟踪评价。

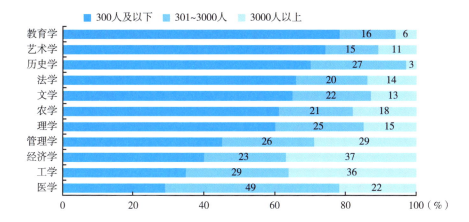

图3-12 2019届本科各学科门类就业的用人单位规模分布

注：个别学科因为样本较少，没有包括在内。

数据来源：麦可思－中国2019届大学毕业生培养质量跟踪评价。

四 专业预警分析

红牌专业指的是失业量较大，就业率、薪资和就业满意度综合较低的专业。黄牌专业指的是除红牌专业外，失业量较大，就业率、月收入和就业满意度综合较低的专业。绿牌专业指的是失业量较小，就业率、薪资和就业满意度综合较高的专业，为需求增长型专业。红黄绿牌专业反映的是全国总体情况，各省（区、市）、各高校情况可能会有差别。

2020年本科就业绿牌专业包括：信息安全、软件工程、信息工程、网络工程、计算机科学与技术、数字媒体艺术、电气工程及其自动化。其中，信息安全、软件工程、网络工程、数字媒体艺术连续三届绿牌。行业需求增长是造就绿牌专业的主要因素。

2020年本科就业红牌专业包括：绘画、音乐表演、法学、应用心理学、化学。其中，绘画、音乐表演、法学、化学连续三届红牌。这与相关专业毕业生供需矛盾有关。

表 3 – 8   2020 年本科"红黄绿牌"专业

红牌专业	黄牌专业	绿牌专业
绘画	应用物理学	信息安全
音乐表演	生物工程	软件工程
法学	美术学	信息工程
应用心理学	历史学	网络工程
化学		计算机科学与技术
		数字媒体艺术
		电气工程及其自动化

数据来源：麦可思 – 中国 2017 ~2019 届大学毕业生培养质量跟踪评价。

B.4
本科毕业生收入分析

摘　要：　薪资是毕业生就业竞争力和发展潜力的重要体现。通过对就业初始薪资水平、毕业中期薪资增长、不同地区及各类行职业的薪资情况分析发现，应届毕业生薪资水平持续提升，工作五年的薪资是毕业初就业时的 2.6 倍，教育回报在毕业中期进一步显现；随着人工智能等新兴产业的不断发展，就业市场对计算机类、电子信息类、自动化类等专业人才需求旺盛，薪资优势明显。另外，毕业生薪资水平存在明显的地域差异，长三角和珠三角薪资水平始终保持领先地位；在新一线城市工作五年的薪资涨幅明显高于全国本科平均水平，体现了新一线城市的发展潜力。另外，民营企业在各类型用人单位中工作五年后薪资涨幅最大，体现了民企的发展潜力与活力。

关键词：　教育回报　薪资涨幅　地区收入差异　行业薪资水平

一　总体收入分析

毕业生薪资水平持续提升。从近五年的数据来看，本科生毕业半年后的月收入①在 2018 届突破 5000 元的基础上进一步提升到 2019 届的 5440 元（见图 4 - 1），剔除通货膨胀因素的影响外，五年内薪资增长 23.6%。另外

---

① 月收入：指工资、奖金、业绩提成、现金福利补贴等所有的月度现金收入。

与城镇居民收入相比，2019 届毕业生月收入明显高于城镇居民 2019 年月均可支配收入①（3530 元）。

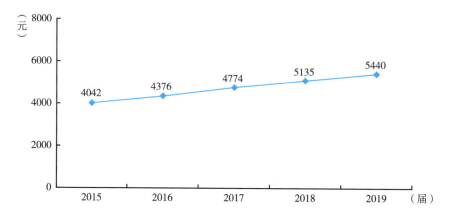

图 4－1　2015～2019 届本科生毕业半年后的月收入变化趋势

数据来源：麦可思－中国 2015～2019 届大学毕业生培养质量跟踪评价。

从不同院校类型来看，"双一流"院校 2019 届毕业生毕业半年后月收入达到 6560 元，地方本科院校为 5216 元，剔除通货膨胀因素的影响外，五年内分别增长为 27.7%、22.6%（见图 4－2）。相比于地方本科院校，"双一流"院校毕业生在一线城市等大城市就业的比例更高，其薪资增速更快。

教育回报在毕业中期进一步显现。从毕业生工作三年和工作五年②的薪资水平来看，工作三年（2016 届）的月收入达到 7881 元，与同届毕业半年后（4376 元）相比涨幅达 80%（见图 4－3）；工作五年（2014 届）的月收入进一步提升（接近万元），与同届毕业半年后（3773 元）相比涨幅达到

---

① 城镇居民月均可支配收入数据来源于国家统计局的《中华人民共和国 2019 年国民经济和社会发展统计公报》。

② **工作三年和工作五年月收入**：分别指的是 2016 届大学生毕业三年后和 2014 届毕业五年后的月收入。
　三年后月收入涨幅 =（毕业三年后的月收入－毕业半年后的月收入）/毕业半年后的月收入。
　五年后月收入涨幅 =（毕业五年后的月收入－毕业半年后的月收入）/毕业半年后的月收入。

图4-2   2015~2019届各类本科院校毕业生毕业半年后的月收入变化趋势

数据来源：麦可思-中国2015~2019届大学毕业生培养质量跟踪评价。

161%（见图4-4），远超同期城镇居民和农民工薪资涨幅[①]（分别为47%、38%）。

从不同院校类型来看，相对于毕业半年时月收入，"双一流"院校和地方本科院校毕业生在工作三年的月收入涨幅分别为82%、80%（见图4-3）；工作五年后月收入涨幅进一步提升，分别达到180%、156%，"双一流"院校薪资涨幅更大（见图4-4）。

二　各专业收入分析

工学、经济学、理学月收入连续三届排名前三。从各学科门类毕业半年后的月收入来看，工学月收入（5809元）最高，同时工学就业率稳居第一，作为需求比较旺盛的学科其薪资优势也进一步体现；经济学和理学月收入（分别为5519元、5392元）分列第二、三位。历史学、教育学月收入（分

---

① **城镇居民薪资涨幅** =（2019年城镇居民月均可支配收入-2014年城镇居民月均可支配收入）/2014年城镇居民月均可支配收入，**农民工薪资涨幅** =（2019年全国农民工月均收入-2014年全国农民工月均收入）/2014年全国农民工月均收入；城镇居民月均可支配收入、全国农民工月均收入数据来源于国家统计局相应年份的《中华人民共和国国民经济和社会发展统计公报》。

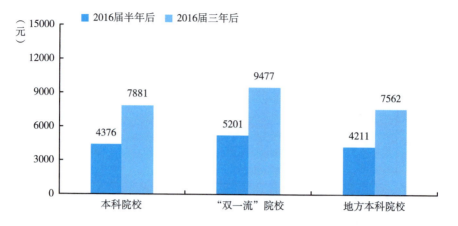

图 4-3 2016 届本科毕业三年后的月收入与涨幅（与 2016 届半年后比较）

数据来源：麦可思–中国 2016 届大学毕业生三年后职业发展跟踪评价，2016 届大学毕业生培养质量跟踪评价。

图 4-4 2014 届本科毕业五年后的月收入与涨幅（与 2014 届半年后、三年后对比）

数据来源：麦可思–中国 2014 届大学毕业生五年后职业发展跟踪评价，2014 届大学毕业生三年后职业发展跟踪评价，2014 届大学毕业生培养质量跟踪评价。

别为 4592 元、4778 元）相对偏低，薪资水平与劳动力市场人才供需、行业特点及用人单位类型均有一定关系（见表 4-1）。

从毕业中期的月收入来看，工学、经济学持续领先，工学薪资涨幅最大。具体来看，工学、经济学毕业生在工作三年和工作五年后的月收入也排在前两位。医学毕业生工作五年的月收入相较于同届毕业时涨幅最高，达到184％，起薪低涨幅大是该群体的就业特征之一，对于医学相关专业，需要更多地关注其中长期的职业发展（见表4－2、表4－3）。

表4－1　2017～2019届本科各学科门类毕业半年后的月收入

单位：元

本科学科门类名称	2019 届	2018 届	2017 届
工学	5809	5485	5067
经济学	5519	5283	4889
理学	5392	5037	4720
管理学	5350	4996	4613
艺术学	5256	4906	4465
文学	5234	4983	4633
医学	5005	4622	4198
农学	4972	4724	4346
法学	4960	4690	4382
教育学	4778	4551	4251
历史学	4592	4348	4023
全国本科	**5440**	**5135**	**4774**

注：个别学科门类因为样本较少，没有包括在内。

数据来源：麦可思－中国2017～2019届大学毕业生培养质量跟踪评价。

表4－2　2016届本科各学科门类毕业半年后、三年后的月收入与涨幅

单位：元，％

本科学科门类名称	毕业三年后的平均月收入	毕业半年后的平均月收入	月收入涨幅
工学	8741	4676	87
经济学	8306	4528	83
管理学	7787	4240	84
艺术学	7666	4120	86
理学	7543	4453	69
文学	7390	4288	72
法学	7103	4119	72

续表

本科学科门类名称	毕业三年后的平均月收入	毕业半年后的平均月收入	月收入涨幅
农学	7094	3872	83
医学	7029	3766	87
教育学	6337	3981	59
全国本科	**7881**	**4376**	**80**

注：个别学科门类因为样本较少，没有包括在内。

数据来源：麦可思–中国2016届大学毕业生三年后职业发展跟踪评价，2016届大学毕业生培养质量跟踪评价。

表4–3 2014届本科各学科门类毕业半年后、五年后的月收入与涨幅

单位：元，%

本科学科门类名称	毕业五年后的平均月收入	毕业半年后的平均月收入	月收入涨幅
工学	11104	3940	182
经济学	10743	3879	177
管理学	10139	3786	168
医学	9108	3208	184
艺术学	9052	3529	157
法学	8864	3597	146
农学	8860	3441	157
理学	8696	3818	128
文学	8278	3604	130
教育学	7962	3492	128
全国本科	9841	3773	161

注：个别学科门类因为样本较少，没有包括在内。

数据来源：麦可思–中国2014届大学毕业生五年后职业发展跟踪评价，2014届大学毕业生培养质量跟踪评价。

随着人工智能等新兴产业的不断发展，就业市场对计算机类、电子信息类、自动化类等专业人才需求旺盛，薪资优势明显，2019届毕业半年后月收入分别为6858元、6145元、5899元（见表4–4）。

从近三年月收入增速来看，护理学类、音乐与舞蹈学类月收入增长最快，与2017届相比增长率均突破20%，分别达到21.1%、20.8%。随着二

孩政策的放开以及人口老龄化的到来，护理类人才紧缺，薪资水平有进一步提升的空间。食品科学与工程类月收入增长最慢，增长率为8.3%（见表4-5、表4-6）。

表4-4　2017～2019届本科主要专业类毕业半年后的月收入

单位：元

本科专业类名称	2019届	2018届	2017届
计算机类	6858	6488	6056
电子信息类	6145	5875	5473
自动化类	5899	5621	5250
仪器类	5856	5372	5038
电子商务类	5745	5368	4952
金融学类	5638	5401	5086
交通运输类	5630	5210	4850
管理科学与工程类	5625	5271	4797
数学类	5576	5209	4875
财政学类	5543	5229	4792
安全科学与工程类	5522	5276	4868
测绘类	5515	5169	4792
统计学类	5513	5101	4736
机械类	5513	5142	4717
电气类	5489	5125	4662
经济学类	5455	5167	4766
新闻传播学类	5443	5045	4685
物流管理与工程类	5435	5121	4728
能源动力类	5424	5034	4665
轻工类	5396	5074	4741
建筑类	5360	4968	4634
外国语言文学类	5336	5087	4676
经济与贸易类	5332	4942	4612
土木类	5324	4906	4528
音乐与舞蹈学类	5303	4850	4391
材料类	5277	4973	4650
工商管理类	5268	4891	4521
护理学类	5235	4792	4322

续表

本科专业类名称	2019 届	2018 届	2017 届
化工与制药类	5226	4919	4452
体育学类	5189	5019	4705
物理学类	5182	4912	4597
设计学类	5137	4942	4563
生物工程类	5117	4751	4401
生物科学类	5094	4770	4384
药学类	5090	4751	4370
公共管理类	5085	4779	4569
矿业类	5083	4738	4474
地理科学类	5063	4717	4320
化学类	5059	4668	4224
中国语言文学类	5050	4732	4411
地质类	5032	4647	4329
戏剧与影视学类	5028	4846	4526
旅游管理类	5002	4629	4238
美术学类	4927	4602	4313
法学类	4926	4574	4210
心理学类	4906	4573	4226
环境科学与工程类	4878	4720	4379
医学技术类	4848	4614	4404
纺织类	4820	4443	4137
社会学类	4811	4596	4270
临床医学类	4759	4392	4055
食品科学与工程类	4752	4645	4388
马克思主义理论类	4684	4351	4123
历史学类	4575	4341	4023
教育学类	4390	4229	3963
全国本科	**5440**	**5135**	**4774**

注：个别专业类因为样本较少，没有包括在内。

数据来源：麦可思－中国 2017～2019 届大学毕业生培养质量跟踪评价。

表 4 – 5　2019 届本科生毕业半年后月收入增长最快的
前十位专业类（与 2017 届对比）

单位：%，元

本科专业类名称	增长率	2019 届	2017 届
护理学类	21.1	5235	4322
音乐与舞蹈学类	20.8	5303	4391
化学类	19.8	5059	4224
旅游管理类	18.0	5002	4238
电气类	17.7	5489	4662
土木类	17.6	5324	4528
化工与制药类	17.4	5226	4452
临床医学类	17.4	4759	4055
管理科学与工程类	17.3	5625	4797
地理科学类	17.2	5063	4320
全国本科	14.0	5440	4774

注：毕业生规模过小的专业类不包括在此排序中。**此处月收入的增长率** = （2019 届毕业生的平均月收入 – 2017 届毕业生的平均月收入）/2017 届毕业生的平均月收入。月收入增长的幅度可能会受到基数的影响。

数据来源：麦可思 – 中国 2017 届、2019 届大学毕业生培养质量跟踪评价。

表 4 – 6　2019 届本科生毕业半年后月收入增长最慢的前十位专业类（与 2017 届对比）

单位：%，元

本科专业类名称	增长率	2019 届	2017 届
食品科学与工程类	8.3	4752	4388
医学技术类	10.1	4848	4404
体育学类	10.3	5189	4705
教育学类	10.8	4390	3963
金融学类	10.9	5638	5086
戏剧与影视学类	11.1	5028	4526
公共管理类	11.3	5085	4569
环境科学与工程类	11.4	4878	4379
电子信息类	12.3	6145	5473
自动化类	12.4	5899	5250
全国本科	14.0	5440	4774

注：毕业生规模过小的专业类不包括在此排序中。

数据来源：麦可思 – 中国 2017 届、2019 届大学毕业生培养质量跟踪评价。

从毕业中期看，计算机类专业月收入持续稳居榜首，工作五年月收入达到13790元。另外，管理科学与工程类、电子信息类专业在工作三年和五年的月收入排名均进入前五，月收入优势明显。除此之外，与同届毕业半年后月收入相比，临床医学类、计算机类、管理科学与工程类、土木类、环境科学与工程类专业毕业生工作五年后的月收入涨幅较高，涨幅均在190%以上；其中，管理科学与工程类、计算机类起薪和涨幅均较高，临床医学类、环境科学与工程类起薪低但涨幅较大（见表4-7、表4-8）。

表4-7　2016届本科主要专业类毕业三年后的月收入与涨幅

单位：元，%

本科专业类名称	毕业三年后的平均月收入	毕业半年后的平均月收入	月收入涨幅
计算机类	10696	5606	91
交通运输类	9005	4560	97
管理科学与工程类	8949	4397	104
电子信息类	8876	5092	74
金融学类	8837	4621	91
自动化类	8805	4847	82
建筑类	8740	4537	93
电气类	8593	4401	95
设计学类	8227	4459	85
土木类	8104	4184	94
新闻传播学类	7977	4407	81
经济与贸易类	7954	4285	86
能源动力类	7933	4322	84
戏剧与影视学类	7875	4293	83
经济学类	7810	4457	75
材料类	7774	4328	80
机械类	7717	4290	80
数学类	7682	4627	66
环境科学与工程类	7677	4085	88
法学类	7555	4003	89
工商管理类	7404	4121	80
地理科学类	7377	4063	82

续表

本科专业类名称	毕业三年后的平均月收入	毕业半年后的平均月收入	月收入涨幅
护理学类	7346	3858	90
食品科学与工程类	7182	4114	75
社会学类	7180	4026	78
化工与制药类	7177	4128	74
外国语言文学类	7175	4271	68
旅游管理类	7105	3905	82
药学类	7092	3923	81
公共管理类	7083	4248	67
物理学类	7059	4411	60
体育学类	6985	4190	67
临床医学类	6967	3715	88
生物科学类	6922	4116	68
化学类	6672	3947	69
音乐与舞蹈学类	6624	4086	62
中国语言文学类	6321	4088	55
教育学类	6133	3792	62
历史学类	5988	3807	57
全国本科	**7881**	**4376**	**80**

注：个别专业类因为样本较少，没有包括在内。

数据来源：麦可思－中国2016届大学毕业生三年后职业发展跟踪评价，2016届大学毕业生培养质量跟踪评价。

表4－8 2014届本科主要专业类毕业五年后的月收入与涨幅

单位：元，%

本科专业类名称	毕业五年后的平均月收入	毕业半年后的平均月收入	月收入涨幅
计算机类	13790	4654	196
电子信息类	12056	4227	185
建筑类	11749	4530	159
能源动力类	11352	3984	185
管理科学与工程类	11247	3807	195
自动化类	11244	3991	182
交通运输类	10983	3977	176
土木类	10882	3705	194

续表

本科专业类名称	毕业五年后的平均月收入	毕业半年后的平均月收入	月收入涨幅
经济学类	10842	3978	173
金融学类	10673	4142	158
经济与贸易类	10600	3730	184
材料类	10538	3784	178
电气类	10531	3963	166
机械类	10315	3699	179
工商管理类	10116	3686	174
环境科学与工程类	10056	3438	192
设计学类	9994	3613	177
法学类	9735	3547	174
仪器类	9587	3968	142
数学类	9355	3863	142
戏剧与影视学类	9354	3760	149
新闻传播学类	9194	3813	141
公共管理类	9159	3732	145
临床医学类	9138	3061	199
化工与制药类	9058	3665	147
护理学类	9026	3213	181
物理学类	8688	3766	131
外国语言文学类	8542	3659	133
体育学类	8376	3724	125
化学类	8219	3434	139
食品科学与工程类	8138	3440	137
生物科学类	8090	3626	123
地理科学类	8035	3609	123
心理学类	7813	3498	123
音乐与舞蹈学类	7701	3394	127
教育学类	7513	3317	126
中国语言文学类	7261	3550	105
历史学类	6980	3178	120
全国本科	**9841**	**3773**	**161**

注：个别专业类因为样本较少，没有包括在内。

数据来源：麦可思－中国2014届大学毕业生五年后职业发展跟踪评价，2014届大学毕业生培养质量跟踪评价。

　　本科专业月收入 50 强中,超过一半为工科专业,其中计算机类、电子信息类专业最多,前十中有 9 席来自这两类专业,例如计算机类的信息安全、软件工程、网络工程、物联网工程等专业,电子信息类的信息工程、电子科学与技术、通信工程等专业,其月收入均超过 6000 元。另外,理科类的信息与计算科学、统计学等专业,经管类的信息管理与信息系统、工业工程、物流工程、金融学等专业,也均进入月收入 50 强,薪资水平在同类专业中具有明显优势(见表 4-9)。

表 4-9　2019 届本科生毕业半年后月收入排前 50 位的主要专业

单位:元

本科专业名称	毕业半年后的平均月收入
信息安全	7310
软件工程	7123
网络工程	6857
信息工程	6798
物联网工程	6671
计算机科学与技术	6633
数字媒体技术	6267
电子科学与技术	6191
信息管理与信息系统	6068
通信工程	6048
电子信息工程	6044
微电子科学与工程	5997
数字媒体艺术	5919
自动化	5904
交通运输	5887
电子信息科学与技术	5878
信息与计算科学	5861
测控技术与仪器	5856
光电信息科学与工程	5812
工业工程	5768
物流工程	5759
金融学	5753
表演	5750
电子商务	5745

续表

本科专业名称	毕业半年后的平均月收入
材料物理	5744
翻译	5737
建筑学	5737
金融工程	5708
运动训练	5691
统计学	5675
生物医学工程	5673
电气工程及其自动化	5668
应用物理学	5652
机械工程	5616
交通工程	5612
能源与动力工程	5563
经济学	5544
市场营销	5540
经济统计学	5536
安全工程	5522
产品设计	5519
工业设计	5510
国际商务	5505
日语	5497
过程装备与控制工程	5495
保险学	5494
播音与主持艺术	5494
地理信息科学	5493
舞蹈表演	5493
广告学	5490
全国本科	**5440**

注：毕业生规模过小的专业不包括在此排序中。

数据来源：麦可思－中国 2019 届大学毕业生培养质量跟踪评价。

三 就业地收入分析

毕业生薪资水平存在明显的地域差异，泛长三角和泛珠三角薪资水平始终保持领先地位，就业地为泛渤海湾的毕业生毕业五年后薪资涨幅最高。从毕业生毕业半年后在各区域就业的月收入来看，泛长三角和泛珠三角薪资水平持续领先，在 2019 届均突破 6000 元。同时，从毕业三年后和五年后的月收入来看，泛珠三角、泛长三角薪资水平继续保持领先地位，工作五年后月收入分别达到 11435 元、11345 元。另外，从薪资涨幅来看，在泛渤海湾工作五年后的月收入涨幅在各大区域经济体中最高，达到 188%（见表 4 - 10、表 4 - 11、表 4 - 12）。

表 4 - 10 2017 ~ 2019 届本科生毕业半年后在各经济区域就业的月收入变化趋势

单位：元

经济区域	2019 届	2018 届	2017 届
泛长江三角洲区域经济体	6088	5633	5137
泛珠江三角洲区域经济体	6046	5640	5169
泛渤海湾区域经济体	5826	5483	5061
西南区域经济体	5026	4711	4349
陕甘宁青区域经济体	4785	4554	4198
中原区域经济体	4779	4640	4353
东北区域经济体	4481	4229	3943
全国本科	5440	5135	4774

注：西部生态经济区因为样本较少，没有包括在内。

数据来源：麦可思 - 中国 2017 ~ 2019 届大学毕业生培养质量跟踪评价。

表 4 - 11 2016 届本科生毕业三年后在各经济区域就业的月收入与涨幅

单位：元，%

经济区域	毕业三年后的平均月收入	毕业半年后的平均月收入	月收入涨幅
泛珠江三角洲区域经济体	8862	4676	90
泛长江三角洲区域经济体	8634	4570	89
泛渤海湾区域经济体	8145	4569	78
西南区域经济体	7392	4046	83
中原区域经济体	6737	4132	63
陕甘宁青区域经济体	6591	3843	72
东北区域经济体	6321	3647	73
全国本科	7881	4376	80

注：西部生态经济区因为样本较少，没有包括在内。

数据来源：麦可思 - 中国 2016 届大学毕业生三年后职业发展跟踪评价，2016 届大学毕业生培养质量跟踪评价。

表4-12　2014届本科生毕业五年后在各经济区域就业的月收入与涨幅

单位：元，%

经济区域	2014届 五年后	2014届 三年后	2014届 半年后	五年后 月收入涨幅	三年后 月收入涨幅
泛珠江三角洲区域经济体	11435	7952	4161	175	91
泛长江三角洲区域经济体	11345	7710	3953	187	95
泛渤海湾区域经济体	10905	7401	3782	188	96
西南区域经济体	8947	6757	3632	146	86
中原区域经济体	8518	6247	3404	150	84
陕甘宁青区域经济体	7660	5914	3403	125	74
东北区域经济体	7568	5901	3263	132	81
全国本科	9841	7045	3773	161	87

注：西部生态经济区因为样本较少，没有包括在内。

数据来源：麦可思－中国2014届大学毕业生五年后职业发展跟踪评价，2014届大学毕业生三年后职业发展跟踪评价，2014届大学毕业生培养质量跟踪评价。

　　一线城市薪资水平优势明显，新一线城市发展潜力进一步显现。从近五年本科应届毕业生在一线、新一线城市就业的月收入来看，一线城市的薪资水平在2019届达到6851元，领先新一线城市（5429元）1422元。而从薪资增长来看，新一线城市相对于2015届增长38.9%，略高于一线城市（38.5%），新一线城市发展潜力有所体现（见图4-5）。

　　另外，从毕业中期的月收入来看，在一线、新一线城市工作三年的薪资涨幅均在90%以上（见图4-6）。在工作五年后，薪资涨幅进一步提升。其中，一线城市薪资水平达到14265元，与同届毕业半年后相比薪资涨幅突破200%，达到210%；同时，新一线城市薪资水平也突破万元达到10562元，涨幅达到184%（见图4-7），高于全国本科平均水平（161%）。随着新一线城市新兴产业的飞速发展和对人才吸引力度的进一步增强，新一线城市的薪资优势也将进一步体现。

**图 4－5　2015～2019 届本科生毕业半年后在一线、
新一线城市就业的月收入变化趋势**

数据来源：麦可思－中国 2015～2019 届大学毕业生培养质量跟踪评价。

**图 4－6　2016 届本科生毕业三年后在一线、
新一线城市就业的月收入与涨幅**

数据来源：麦可思－中国 2016 届大学毕业生三年后职业发展跟踪评价，2016 届大学
毕业生培养质量跟踪评价。

图 4 – 7 2014 届本科生毕业五年后在一线、新一线城市就业的月收入与涨幅

数据来源：麦可思－中国 2014 届大学毕业生五年后职业发展跟踪评价，2014 届大学毕业生三年后职业发展跟踪评价，2014 届大学毕业生培养质量跟踪评价。

四　行业、职业收入分析

信息传输/软件和信息技术服务业月收入持续领跑行业薪酬榜，在 2019 届达到 6570 元。它作为拉动经济转型的重要引擎，对人才的需求旺盛，薪资具有明显的优势。另外，运输业和电子电气设备制造业（含计算机、通信、家电等）的薪资水平也较高，分别位列第二和第三，2019 届月收入均超过 6000 元（见表 4 – 13）。

表 4 – 13　2017 ~ 2019 届本科生毕业半年后在主要行业类的月收入

单位：元

行业类名称	2019 届	2018 届	2017 届
信息传输、软件和信息技术服务业	6570	6241	5818
运输业	6218	6047	5567

行业类名称	2019 届	2018 届	2017 届
电子电气设备制造业（含计算机、通信、家电等）	6033	5736	5261
金融业	5799	5678	5246
文化、体育和娱乐业	5596	5401	5092
交通运输设备制造业	5455	5003	4571
电力、热力、燃气及水生产和供应业	5409	5114	4673
房地产开发及租赁业	5395	5099	4863
各类专业设计与咨询服务业	5386	5201	4792
建筑业	5305	4982	4594
其他制造业	5241	4976	4637
医药及设备制造业	5239	4811	4587
零售业	5209	5090	4640
邮递、物流及仓储业	5178	5031	4544
家具制造业	5062	4895	4551
批发业	5009	4866	4500
教育业	5007	4814	4379
医疗和社会护理服务业	4969	4703	4362
采矿业	4965	4502	4368
机械设备制造业	4956	4568	4212
政府及公共管理	4944	4741	4399
化学品、化工、塑胶制造业	4923	4447	4174
食品、烟草、加工业	4897	4653	4450
行政、商业和环境保护辅助业	4852	4717	4297
居民服务、修理和其他服务业	4831	4708	4445
住宿和餐饮业	4758	4648	4364
初级金属制造业	4725	4460	4235
农、林、牧、渔业	4636	4304	3923
纺织、服装、皮革制造业	4628	4318	3976
玻璃黏土、石灰水泥制品业	4587	4296	4022
全国本科	**5440**	**5135**	**4774**

注：个别行业类因为样本较少，没有包括在内。

数据来源：麦可思 – 中国 2017～2019 届大学毕业生培养质量跟踪评价。

从月收入增长最快和最慢的五大行业类来看，各类制造业及农林牧渔业月收入增长最快，其中制造业包括交通运输设备制造业、化学品化工塑胶制造业、机械设备制造业、纺织服装皮革制造业，与2017届相比月收入增长均在16%以上。随着智能制造和现代农业的不断发展，其带来的薪资增长也进一步体现。居民服务、修理和其他服务业，住宿和餐饮业等偏传统的实体行业增速较慢，不到10%（见表4-14、表4-15）。

表4-14　2019届本科生毕业半年后月收入增长最快的
前五位行业类（与2017届对比）

单位：%，元

行业类名称	增长率	2019届	2017届
交通运输设备制造业	19.3	5455	4571
农、林、牧、渔业	18.2	4636	3923
化学品、化工、塑胶制造业	17.9	4923	4174
机械设备制造业	17.7	4956	4212
纺织、服装、皮革制造业	16.4	4628	3976
全国本科	14.0	5440	4774

注：毕业生规模过小的行业类不包括在此排序中。
数据来源：麦可思-中国2017届、2019届大学毕业生培养质量跟踪评价。

表4-15　2019届本科生毕业半年后月收入增长最慢的
前五位行业类（与2017届对比）

单位：%，元

行业类名称	增长率	2019届	2017届
居民服务、修理和其他服务业	8.7	4831	4445
住宿和餐饮业	9.0	4758	4364
文化、体育和娱乐业	9.9	5596	5092
食品、烟草、加工业	10.0	4897	4450
金融业	10.5	5799	5246
全国本科	14.0	5440	4774

注：毕业生规模过小的行业类不包括在此排序中。
数据来源：麦可思-中国2017届、2019届大学毕业生培养质量跟踪评价。

从毕业中期的月收入来看，信息传输、软件和信息技术服务业，电子电气设备制造业（含计算机、通信、家电等），金融业，各类专业设计与咨询服务业，房地产开发及租赁业均排在前五位。而受行业特点影响，教育业、政府及公共管理薪资水平均相对靠后，薪资涨幅也相对较低。另外，目前采矿业受就业市场环境影响，薪资增长乏力，工作三年和五年的薪资增幅（分别为60%、107%）均最低（见表4-16、表4-17）。

表4-16 2016届本科生毕业三年后在主要行业类的月收入与涨幅

单位：元，%

行业类名称	毕业三年后的平均月收入	毕业半年后的平均月收入	月收入涨幅
信息传输、软件和信息技术服务业	10223	5367	90
电子电气设备制造业（含计算机、通信、家电等）	9213	4773	93
金融业	9085	4799	89
各类专业设计与咨询服务业	8986	4415	104
房地产开发及租赁业	8570	4679	83
文化、体育和娱乐业	8343	4604	81
运输业	8302	5036	65
零售业	8206	4206	95
交通运输设备制造业	7915	4175	90
家具制造业	7913	4219	88
建筑业	7898	4180	89
医药及设备制造业	7776	4140	88
电力、热力、燃气及水生产和供应业	7635	4390	74
批发业	7618	4182	82
食品、烟草、加工业	7376	4173	77
住宿和餐饮业	7363	3990	85
邮递、物流及仓储业	7237	4093	77
医疗和社会护理服务业	7117	3937	81
居民服务、修理和其他服务业	7028	4056	73
其他制造业	7015	4264	65

续表

行业类名称	毕业三年后的平均月收入	毕业半年后的平均月收入	月收入涨幅
机械设备制造业	6980	3857	81
化学品、化工、塑胶制造业	6908	3924	76
纺织、服装、皮革制造业	6858	3842	79
农、林、牧、渔业	6789	3769	80
采矿业	6715	4185	60
初级金属制造业	6555	3958	66
行政、商业和环境保护辅助业	6517	3942	65
政府及公共管理	6491	3982	63
教育业	6392	3924	63
全国本科	**7881**	**4376**	**80**

注：个别行业类因为样本较少，没有包括在内。

数据来源：麦可思－中国2016届大学毕业生三年后职业发展跟踪评价，2016届大学毕业生培养质量跟踪评价。

表4－17 2014届本科生毕业五年后在主要行业类的月收入与涨幅

单位：元，%

行业类名称	毕业五年后的平均月收入	毕业半年后的平均月收入	月收入涨幅
信息传输、软件和信息技术服务业	13755	4616	198
电子电气设备制造业（含计算机、通信、家电等）	12132	4147	193
各类专业设计与咨询服务业	11787	3819	209
金融业	11574	4291	170
房地产开发及租赁业	11419	4009	185
医药及设备制造业	11218	3843	192
交通运输设备制造业	11080	3724	198
运输业	10887	4073	167
零售业	10882	3655	198
批发业	10336	3704	179
建筑业	10188	3782	169
电力、热力、燃气及水生产和供应业	10064	4053	148

行业类名称	毕业五年后的平均月收入	毕业半年后的平均月收入	月收入涨幅
文化、体育和娱乐业	9962	4188	138
住宿和餐饮业	9689	3407	184
其他制造业	9667	3955	144
纺织、服装、皮革制造业	9617	3470	177
机械设备制造业	9494	3414	178
邮递、物流及仓储业	9404	3652	158
化学品、化工、塑胶制造业	9255	3520	163
医疗和社会护理服务业	9108	3094	194
食品、烟草、加工业	8745	3669	138
居民服务、修理和其他服务业	8600	3423	151
农、林、牧、渔业	8342	3443	142
采矿业	8249	3989	107
行政、商业和环境保护辅助业	8009	3349	139
政府及公共管理	7813	3458	126
教育业	7335	3343	119
全国本科	**9841**	**3773**	**161**

注：个别行业类因为样本较少，没有包括在内。

数据来源：麦可思－中国2014届大学毕业生五年后职业发展跟踪评价，2014届大学毕业生培养质量跟踪评价。

月收入排名前十的行业中，互联网、通信相关行业占据"半壁江山"，包括软件开发业、通信设备制造业、互联网运营与网络搜索引擎业、有线通信运营业、无线电信运营业，其中软件开发业薪资水平位居榜首，达到6941元。另外，运输相关行业占据两席，包括航空运输服务业和远洋、近海及大湖水运业，分列第三和第六（见图4-8）。

互联网开发及应用、计算机与数据处理类职业月收入持续领先，分别位居第一和第二位，互联网计算机相关职业仍是最有"钱景"的职业，2019届月收入分别达到6742元、6650元。而幼儿与学前教育因职业特点月收入（4314元）相对偏低；但从月收入的增长率来看，2019届月收入相较于2017届增长率达到15.4%，进入月收入增长最快的职业类10强中（见表

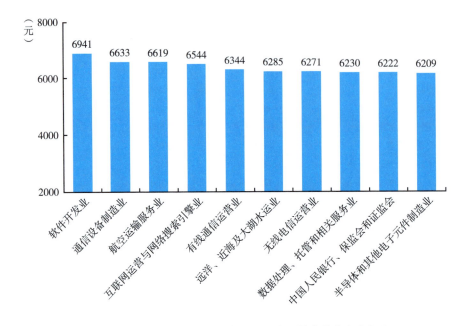

图 4 – 8　2019 届本科生毕业半年后月收入最高的前十位行业

注：毕业生规模过小的行业不包括在此排序中。

数据来源：麦可思 – 中国 2019 届大学毕业生培养质量跟踪评价。

4－18）。随着国家对幼儿教师队伍建设的进一步加强和提高幼儿教师待遇相关政策的进一步落实，幼儿与学前教育相关职业的薪资增长有所体现。

表 4 – 18　2017～2019 届本科生毕业半年后从事的主要职业类的月收入

单位：元

职业类名称	2019 届	2018 届	2017 届
互联网开发及应用	6742	6470	6082
计算机与数据处理	6650	6457	6042
交通运输/邮电	6408	6099	5564
经营管理	6081	5899	5411
航空机械/电子	6051	5918	5553
电气/电子（不包括计算机）	5767	5502	5018
销售	5763	5474	4946
表演艺术/影视	5734	5476	5120

续表

职业类名称	2019 届	2018 届	2017 届
翻译	5719	5619	5068
金融（银行/基金/证券/期货/理财）	5666	5409	5209
生产/运营	5629	5439	5055
房地产经营	5583	5446	5275
工业安全与质量	5471	5008	4587
电力/能源	5455	5158	4736
媒体/出版	5351	5223	4763
物流/采购	5318	5224	4717
建筑工程	5316	4849	4501
保险	5273	5114	4601
公共关系	5254	5005	4654
文化/体育	5202	4719	4325
人力资源	5119	4731	4467
机动车机械/电子	5117	4736	4477
机械/仪器仪表	5116	4708	4369
研究人员	5074	4908	4446
职业/教育培训	5051	4804	4504
公安/检察/法院/经济执法	5029	4773	4563
测绘	4981	4688	4375
美术/设计/创意	4977	4847	4541
医疗保健/紧急救助	4974	4648	4275
财务/审计/税务/统计	4960	4779	4375
酒店/旅游/会展	4924	4826	4356
餐饮/娱乐	4909	4770	4551
律师/律政调查员	4847	4445	4180
生物/化工	4825	4454	4109
矿山/石油	4779	4569	4415
中小学教育	4757	4598	4258
行政/后勤	4680	4505	4063
服装/纺织/皮革	4635	4211	3967
环境保护	4606	4438	4091
农/林/牧/渔类	4507	4307	4059
社区工作者	4396	4211	3901
幼儿与学前教育	4314	4111	3738
全国本科	**5440**	**5135**	**4774**

注：个别职业类因为样本较少，没有包括在内。

数据来源：麦可思－中国 2017～2019 届大学毕业生培养质量跟踪评价。

文化/体育职业类月收入增长最快，房地产经营职业类增速最慢。具体来看，文化/体育类职业薪资水平由2017届的4325元增长到2019届的5202元，增长率突破20%，位列第一，月收入增长较快与国家文化、体育事业的蓬勃发展关系密切。房地产经营职业类月收入增长最慢，增长率仅为5.8%，远低于全国本科平均水平（14.0%）（见表4-19、表4-20）。

表4-19 2019届本科生毕业半年后月收入增长最快的
前十位职业类（与2017届对比）

单位：%，元

职业类名称	增长率	2019届	2017届
文化/体育	20.3	5202	4325
工业安全与质量	19.3	5471	4587
建筑工程	18.1	5316	4501
生物/化工	17.4	4825	4109
机械/仪器仪表	17.1	5116	4369
服装/纺织/皮革	16.8	4635	3967
销售	16.5	5763	4946
医疗保健/紧急救助	16.4	4974	4275
律师/律政调查员	16.0	4847	4180
幼儿与学前教育	15.4	4314	3738
全国本科	**14.0**	**5440**	**4774**

注：毕业生规模过小的职业类不包括在此排序中。
数据来源：麦可思-中国2017届、2019届大学毕业生培养质量跟踪评价。

表4-20 2019届本科生毕业半年后月收入增长最慢的
前十位职业类（与2017届对比）

单位：%，元

职业类名称	增长率	2019届	2017届
房地产经营	5.8	5583	5275
餐饮/娱乐	7.9	4909	4551
矿山/石油	8.2	4779	4415
金融（银行/基金/证券/期货/理财）	8.8	5666	5209

职业类名称	增长率	2019 届	2017 届
航空机械/电子	9.0	6051	5553
美术/设计/创意	9.6	4977	4541
计算机与数据处理	10.1	6650	6042
公安/检察/法院/经济执法	10.2	5029	4563
互联网开发及应用	10.9	6742	6082
农/林/牧/渔类	11.0	4507	4059
全国本科	**14.0**	**5440**	**4774**

注：毕业生规模过小的职业类不包括在此排序中。

数据来源：麦可思－中国 2017 届、2019 届大学毕业生培养质量跟踪评价。

　　互联网开发及应用、计算机与数据处理类职业毕业中期的月收入持续领先于其他职业，工作五年的薪资在 15000 元左右，月收入涨幅超过 200%。不管是在毕业初期还是毕业中期，计算机、互联网相关职业都表现出明显的薪资优势。另外，律师/律政调查员月收入涨幅最高，达到 236%。律师相关职业的发展路径一般从律师助理做起，起薪相对较低，随着工作年限的增长和经验的积累，其毕业五年后表现出充足的职场发展后劲和竞争优势（见表 4 - 21、表 4 - 22）。

表 4 - 21　2016 届本科生毕业三年后从事的主要职业类的月收入与涨幅

单位：元，%

职业类名称	毕业三年后的平均月收入	毕业半年后的平均月收入	月收入涨幅
互联网开发及应用	11025	5679	94
计算机与数据处理	10771	5636	91
经营管理	9280	4971	87
销售	9252	4505	105
电气/电子（不包括计算机）	9051	4597	97
房地产经营	8613	5057	70
金融（银行/基金/证券/期货/理财）	8592	4789	79
美术/设计/创意	8268	4153	99

续表

职业类名称	毕业三年后的平均月收入	毕业半年后的平均月收入	月收入涨幅
律师/律政调查员	8211	3844	114
交通运输/邮电	8109	4978	63
建筑工程	8069	4172	93
电力/能源	7906	4368	81
生产/运营	7906	4654	70
机动车机械/电子	7881	4112	92
媒体/出版	7753	4397	76
研究人员	7718	4044	91
教育/职业培训	7481	4092	83
医疗保健/紧急救助	7249	3838	89
人力资源	7248	4095	77
财务/审计/税务/统计	7236	3960	83
物流/采购	7180	4243	69
机械/仪器仪表	7167	3968	81
保险	7102	4096	73
农/林/牧/渔类	7019	3724	88
公安/检察/法院/经济执法	6905	4342	59
环境保护	6800	3759	81
生物/化工	6386	3743	71
行政/后勤	6194	3682	68
中小学教育	5918	3886	52
幼儿与学前教育	5669	3504	62
全国本科	**7881**	**4376**	**80**

注：个别职业类因为样本较少，没有包括在内。

数据来源：麦可思–中国2016届大学毕业生三年后职业发展跟踪评价，2016届大学毕业生培养质量跟踪评价。

表4–22　2014届本科生毕业五年后从事的主要职业类的月收入与涨幅

单位：元，%

职业类名称	毕业五年后的平均月收入	毕业半年后的平均月收入	月收入涨幅
互联网开发及应用	15087	4582	229
计算机与数据处理	14392	4562	215
经营管理	13597	4271	218
销售	12418	3963	213

续表

职业类名称	毕业五年后的平均月收入	毕业半年后的平均月收入	月收入涨幅
房地产经营	11840	4102	189
电气/电子(不包括计算机)	11568	4007	189
金融(银行/基金/证券/期货/理财)	11536	4488	157
律师/律政调查员	11467	3413	236
建筑工程	11170	3847	190
生产/运营	11087	3935	182
美术/设计/创意	10735	3570	201
交通运输/邮电	10528	4131	155
机动车机械/电子	10189	3574	185
物流/采购	9776	3596	172
电力/能源	9769	4214	132
媒体/出版	9740	3717	162
机械/仪器仪表	9415	3512	168
环境保护	9031	3394	166
人力资源	8981	3556	153
医疗保健/紧急救助	8931	3023	195
财务/审计/税务/统计	8857	3408	160
生物/化工	8599	3398	153
农/林/牧/渔类	8155	3404	140
保险	7961	3471	129
教育/职业培训	7885	3493	126
公安/检察/法院/经济执法	7836	3694	112
行政/后勤	7172	3224	122
中小学教育	6671	3292	103
幼儿与学前教育	6156	3083	100
全国本科	**9841**	**3773**	**161**

注：个别职业类因为样本较少，没有包括在内。

数据来源：麦可思－中国2014届大学毕业生五年后职业发展跟踪评价，2014届大学毕业生培养质量跟踪评价。

收入排名靠前的职业主要来自计算机、互联网、大数据等需求旺盛的职业，包括游戏策划人员、互联网开发人员、网络设计人员、计算机程序员、计算机系统软件工程技术人员、计算机软件应用工程技术人员、大数据工程技术人员等，其中游戏策划人员月收入最高，达到7419元（见表4－23）。随着5G、人工智能、大数据中心等领域的建设，从事相关岗位的毕业生在人才市场上薪资具有明显优势。

表4－23 2019届本科生毕业半年后月收入最高的前50位职业

单位：元

职业名称	毕业半年后的平均月收入
游戏策划人员	7419
互联网开发人员	7304
网络设计人员	7027
计算机程序员	6976
计算机系统软件工程技术人员	6915
计算机软件应用工程技术人员	6871
大数据工程技术人员	6791
市场经理	6653
销售工程师	6636
信息安全分析人员	6610
销售代表(医疗用品)	6450
软件质量保证和测试工程技术人员	6394
项目经理	6281
银行信贷员	6268
健身教练和健身操指导员	6253
销售经理	6236
一线销售经理(零售)	6136
运营经理	6097
信息支持与服务人员	6037
个人理财顾问	6006
计算机技术支持人员	5999
计算机网络管理人员	5980
生产经营一线主管	5964
机电工程技术人员	5950
半导体加工人员	5935
建筑师(非园林和水上景观)	5892
职业培训师	5880
市场专员	5857

职业名称	毕业半年后的平均月收入
税务专员	5831
广告策划人员	5788
通信设备安装维护技术人员	5764
在线教育讲师	5730
网络管理人员	5724
翻译人员	5719
警察	5704
银行柜员	5680
金融服务销售商	5656
电子工程技术人员	5642
电子商务专员	5631
房地产经纪人	5630
电气工程技术人员	5625
职业规划师	5606
保险理赔人员	5583
土木工程技术人员	5575
网络传媒工作人员	5539
数据库管理人员	5533
工业设计师	5532
工业工程技术人员	5531
旅游、会展商务人员	5514
发电站、变电站和中继站的电子和电气修理技术人员	5512
全国本科	**5440**

注：毕业生规模过小的职业不包括在此排序中。

数据来源：麦可思–中国2019届大学毕业生培养质量跟踪评价。

五 用人单位收入分析

中外合资/外资/独资企业薪资持续最高，民营企业/个体薪资涨幅最大。毕业初期，中外合资/外资/独资企业持续领先于其他类型企业，2019届月收入（5920元）接近6000元（见图4–9）。

工作三年后，民营企业/个体薪资涨幅（97%）最大，薪资水平（8444元）超过国有企业（8045元）（见图4–10）。工作五年后，民营企业/个体

图4-9 2017~2019届本科生毕业半年后在各类型用人单位的月收入

数据来源：麦可思-中国2017~2019届大学毕业生培养质量跟踪评价。

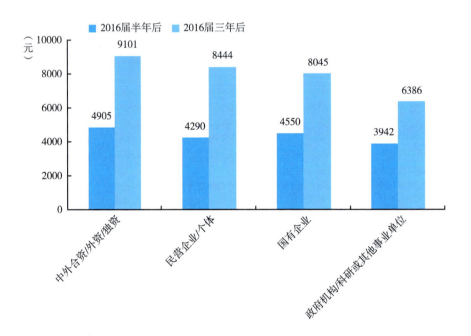

图4-10 2016届本科生毕业三年后在各类型用人单位的月收入

注：民非组织因为样本较少，没有包括在内。

数据来源：麦可思-中国2016届大学毕业生三年后职业发展跟踪评价，2016届大学毕业生培养质量跟踪评价。

薪资涨幅（205%）依然保持最高，薪资（11185 元）基本追平中外合资/外资/独资企业（11771 元）（见图 4 - 11）。民营企业/个体作为吸纳毕业生就业的主体，其月收入高增长的特点体现了民企的发展潜力与活力。

图 4 - 11　2014 届本科生毕业五年后在各类型用人单位的月收入

注：民非组织因为样本较少，没有包括在内。

数据来源：麦可思 - 中国 2014 届大学毕业生五年后职业发展跟踪评价，2014 届大学毕业生培养质量跟踪评价。

　　毕业初期，企业规模越大薪资水平越高；毕业中期，小微企业薪资涨幅最大。具体来看，3000 人以上规模的用人单位薪资水平最高，2019 届达到 6099 元；50 人及以下规模用人单位的薪资水平最低，为 4815 元（见图 4 - 12）。而工作五年后，50 人及以下规模小微企业薪资涨幅最大，达到 180%，小微企业在工作五年后发展潜力有所体现（见图 4 - 14）。

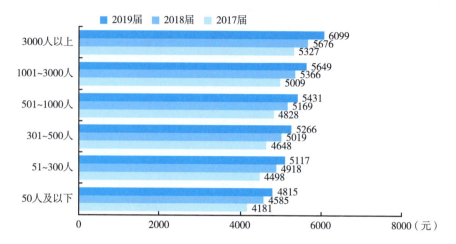

图4－12　2017～2019届本科生毕业半年后在各规模用人单位的月收入

数据来源：麦可思－中国2017～2019届大学毕业生培养质量跟踪评价。

图4－13　2016届本科生毕业三年后在各规模用人单位的月收入

数据来源：麦可思－中国2016届大学毕业生三年后职业发展跟踪评价，2016届大学毕业生培养质量跟踪评价。

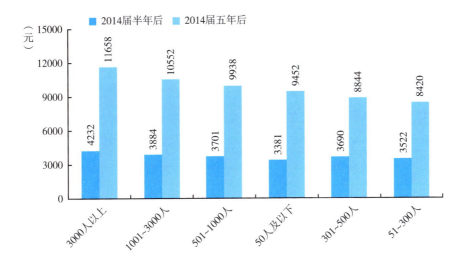

图 4 – 14　2014 届本科毕业生五年后在各规模用人单位的月收入

数据来源：麦可思 – 中国 2014 届大学毕业生五年后职业发展跟踪评价，2014 届大学毕业生培养质量跟踪评价。

B.5
本科毕业生就业满意度分析

摘　要： 就业满意度是毕业生基于工作内容、工作环境、薪资收入、晋升空间等相关因素的主观认识和情感体验，是衡量就业质量的重要指标。通过对就业初期及就业中期就业感受、不同地区及各类行职业的就业满意度分析发现，应届毕业生就业满意度趋于稳定，工作五年后就业满意度进一步提升。其中，教育学就业满意度连续三年位列第一。另外，一线城市中，上海就业满意度超过北京跃居首位；新一线城市中，杭州连续三年稳居第一。各大行业中，毕业初期政府及公共管理就业满意度最高，毕业五年后教育行业就业满意度最高；而制造相关行业及采矿业的就业满意度相对较低。

关键词： 就业质量　就业感受　就业满意度

一　总体就业满意度

本科毕业生就业满意度①上升后保持平稳，"双一流"院校近三届稳中有升。从近五年的数据来看，前三届毕业生的就业满意度呈现持续上升态

---

① **就业满意度**：由就业的毕业生对自己目前的就业现状进行主观判断，选项有"很满意""满意""不满意""很不满意""无法评估"共五项。其中，选择"满意"或"很满意"的人属于对就业现状满意，选择"不满意"或"很不满意"的人属于对就业现状不满意。

势，由 2015 届的 63% 上升至 2017 届的 68%，从 2017 届开始保持稳定的状态（见图 5 - 1）。

从不同院校类型来看，"双一流"院校、地方本科院校毕业生的就业满意度变化趋势基本一致，"双一流"院校在 2019 届（70%）略有上升，比地方本科院校（68%）高 2 个百分点（见图 5 - 2）。

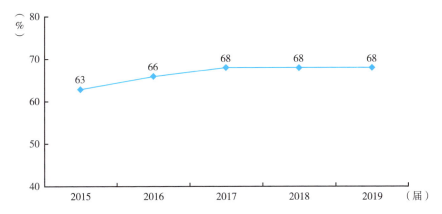

图 5 - 1　2015～2019 届本科生毕业半年后的就业满意度变化趋势

数据来源：麦可思 - 中国 2015～2019 届大学毕业生培养质量跟踪评价。

图 5 - 2　2015～2019 届各类本科院校毕业生毕业半年后的就业满意度变化趋势

数据来源：麦可思 - 中国 2015～2019 届大学毕业生培养质量跟踪评价。

毕业生就业满意度在毕业中期进一步提升。从2014届本科毕业生毕业半年后及五年后的就业满意度来看，毕业五年后的就业满意度为74%，相比2014届毕业半年后（62%）提升明显。从不同院校类型来看，"双一流"院校、地方本科院校毕业生毕业五年后的就业满意度没有差异，均达到74%（见图5－3）。

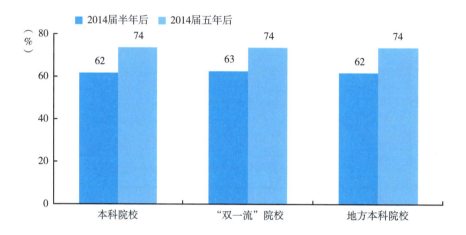

图5－3 2014届大学生毕业五年后的就业满意度（与2014届半年后对比）

数据来源：麦可思－中国2014届大学毕业生五年后职业发展跟踪评价，2014届大学毕业生培养质量跟踪评价。

薪资水平和发展空间是影响毕业生就业感受的主要因素。从本科毕业生对就业现状不满意的原因来看，因收入低对就业不满意的比例接近七成（2019届66%），因发展空间不够对就业不满意的比例也超过半数（2019届53%）（见图5－4）。大学生刚毕业时对就业现状认识不清，个人期待与现实之间存在差距是毕业生初入职场的普遍现象，高校在注重大学生专业知识和能力培养的同时，也需要进一步完善职业规划辅导。

二 各专业就业满意度

教育学就业满意度连续三年位列第一，理学就业满意度稳步提升，经济

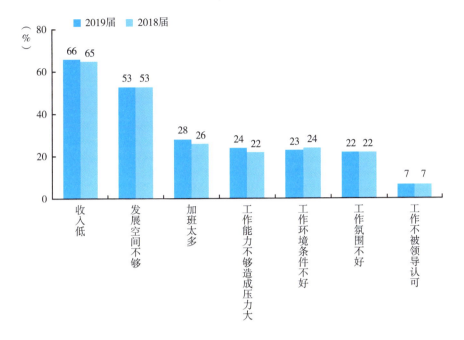

图 5 − 4　2018 届、2019 届本科毕业生对就业现状不满意的原因

数据来源：麦可思－中国 2018 届、2019 届大学毕业生培养质量跟踪评价。

学就业满意度有所下滑。具体来看，教育学就业满意度连续三年（均为 71％）最高且保持稳定，可见教育相关领域因其职业特点更能给从业者带来职业成就感和价值感。从毕业五年后的就业满意度来看，教育学 2014 届毕业五年后的就业满意度（78％）也排名靠前（见表 5 − 1、表 5 − 2）。

另外，理学就业满意度持续提升，由 2017 届的 68％ 上升至 2019 届的 70％；同时，从 2014 届毕业生半年后和五年后的就业满意度来看，理学在半年后的就业满意度（60％）相对较低，但五年后的就业满意度上升明显，达到 76％。值的注意的是，经济学就业满意度有所下降，从 2017 届的 68％ 下降到 2019 届的 66％；同时，经济学在毕业五年后就业满意度排名下滑，就业满意度在 2014 届毕业半年后（64％）排名靠前，但五年后（71％）排名靠后，经济环境的变化对毕业生的就业感受有一定影响。

表 5–1　2017~2019 届本科各学科门类毕业半年后的就业满意度

单位：%

学科门类名称	2019 届	2018 届	2017 届
教育学	71	71	71
医学	70	70	70
法学	70	70	69
艺术学	70	70	70
理学	70	69	68
文学	68	69	70
工学	67	67	67
管理学	66	67	67
经济学	66	67	68
农学	65	65	65
历史学	64	63	64
全国本科	**68**	**68**	**68**

注：个别学科门类因为样本较少，没有包括在内。

数据来源：麦可思–中国 2017~2019 届大学毕业生培养质量跟踪评价。

表 5–2　2014 届本科各学科门类毕业五年后的就业满意度

单位：%

学科门类名称	2014 届五年后	2014 届半年后
文学	79	63
教育学	78	64
艺术学	77	62
理学	76	60
法学	75	63
医学	74	61
管理学	73	63
农学	73	61
工学	71	59
经济学	71	64
全国本科	**74**	**62**

注：个别学科门类因为样本较少，没有包括在内。

数据来源：麦可思–中国 2014 届大学毕业生五年后职业发展跟踪评价，2014 届大学毕业生培养质量跟踪评价。

信息安全专业就业满意度位居榜首，小学教育、医学影像学并列第二。数据显示，信息安全专业毕业半年后的就业满意度（79%）排名第一，同时该专业就业率、月收入也均排名靠前。排在第二位的是小学教育、医学影像学，满意度均达到77%。整体来看，毕业半年后就业满意度排名靠前的专业多为计算机类、教育类、艺术类以及医护类等专业。此外结合2014届毕业五年后的数据来看，音乐与舞蹈学类、教育学类、中国语言文学类在毕业五年后的就业满意度位列前三，就业满意度均在80%及以上（见表5-3、表5-4）。

表5-3　2019届本科生毕业半年后就业满意度排前30位的主要专业

单位：%

本科专业名称	就业满意度
信息安全	79
小学教育	77
医学影像学	77
播音与主持艺术	75
舞蹈学	75
交通运输	75
物理学	75
建筑学	74
运动训练	74
信息工程	74
风景园林	73
计算机科学与技术	73
新闻学	73
护理学	73
汉语言文学	72
教育学	72
数学与应用数学	72
信息与计算科学	72
广播电视编导	72
酒店管理	72
体育教育	72
动画	72

续表

本科专业名称	就业满意度
微电子科学与工程	72
药学	72
舞蹈表演	71
金融工程	71
审计学	71
针灸推拿学	71
网络工程	71
音乐学	71
全国本科	**68**

注：毕业生规模过小的专业不包括在此排序中。

数据来源：麦可思 – 中国 2019 届大学毕业生培养质量跟踪评价。

表 5－4　2014 届本科主要专业类毕业五年后的就业满意度

单位：%

本科专业类名称	就业满意度
音乐与舞蹈学类	82
教育学类	81
中国语言文学类	80
戏剧与影视学类	77
外国语言文学类	77
新闻传播学类	77
体育学类	77
计算机类	77
历史学类	77
数学类	77
护理学类	76
旅游管理类	76
生物科学类	75
法学类	75
电气类	74
化学类	74
美术学类	74
建筑类	74

续表

本科专业类名称	就业满意度
物理学类	74
工商管理类	73
经济学类	73
管理科学与工程类	73
电子信息类	73
环境科学与工程类	72
经济与贸易类	72
药学类	72
设计学类	72
自动化类	71
公共管理类	71
地理科学类	71
心理学类	71
仪器类	70
临床医学类	70
交通运输类	70
能源动力类	69
土木类	68
食品科学与工程类	68
机械类	68
化工与制药类	67
材料类	66
金融学类	66
全国本科	**74**

注：个别专业类因为样本较少，没有包括在内。
数据来源：麦可思－中国2014届大学毕业生五年后职业发展跟踪评价。

三　地区就业满意度

泛渤海湾地区就业满意度持续位居榜首。从不同地区的就业满意度来看，2019届毕业生在渤海湾的就业满意度为71%，且连续五年列首位，其

次是泛长三角地区。泛渤海湾和泛长三角地区就业满意度连续三届均在70%及以上（见表5-5）。

表5-5　2017～2019届本科生毕业半年后在各经济区域的就业满意度变化趋势

单位：%

经济区域	2019届	2018届	2017届
泛渤海湾区域经济体	71	72	72
泛长江三角洲区域经济体	70	71	71
泛珠江三角洲区域经济体	69	69	68
东北区域经济体	69	69	69
西南区域经济体	68	68	68
中原区域经济体	67	66	66
陕甘宁青区域经济体	64	63	64
全国本科	**68**	**68**	**68**

注：西部生态经济区因为样本较少，没有包括在内。
数据来源：麦可思-中国2017～2019届大学毕业生培养质量跟踪评价。

一线城市和新一线城市就业满意度均呈上升趋势。具体来看，毕业生在一线城市的就业满意度由2015届的66%上升至2019届的72%，在新一线城市的就业满意度由2015届的62%上升至2017届的68%后保持稳定（见图5-5）。从各城市的就业满意度来看，在一线城市中，上海2019届就业满意度超过北京位居首位；新一线城市中，杭州连续三年稳居第一。具体来看，毕业生在北京的就业满意度保持稳定，而在上海的就业满意度持续上升，2019届（76.0%）超过北京（75.8%）位列第一。新一线城市中，毕业生在杭州的就业满意度（75.2%）最高，且连续三年保持第一；另外，在天津、宁波、南京、苏州的就业满意度不输一线城市（广州、深圳），就业满意度均在70%以上（见表5-6、表5-7）。

图 5-5 2015～2019 届本科生毕业半年后在一线、
新一线城市的就业满意度变化趋势

数据来源：麦可思－中国 2015～2019 届大学毕业生培养质量跟踪评价。

表 5-6 2017～2019 届本科生毕业半年后在一线城市的就业满意度

单位：%

一线城市	2019 届	2018 届	2017 届
上海	76.0	74.1	73.9
北京	75.8	76.0	75.9
深圳	70.3	70.4	70.2
广州	68.9	70.0	71.0
全国本科	**68.3**	**68.4**	**68.2**

数据来源：麦可思－中国 2017～2019 届大学毕业生培养质量跟踪评价。

表 5-7 2017～2019 届本科生毕业半年后在新一线城市的就业满意度

单位：%

新一线城市	2019 届	2018 届	2017 届
杭州	75.2	74.9	75.3
天津	71.1	70.7	71.6
宁波	70.7	72.2	72.0
南京	70.7	70.1	69.7

续表

新一线城市	2019 届	2018 届	2017 届
苏州	70.5	69.9	68.7
全国本科	**68.3**	**68.4**	**68.2**
武汉	68.0	67.5	66.1
成都	67.8	67.3	67.4
重庆	66.6	64.9	64.8
西安	65.8	64.8	64.9
郑州	64.5	64.1	63.1

注：样本较少的新一线城市，没有包括在内。

数据来源：麦可思－中国 2017～2019 届大学毕业生培养质量跟踪评价。

四　行业、职业就业满意度

毕业初期政府及公共管理就业满意度最高，毕业五年后教育行业就业满意度最高；而制造相关行业及采矿业的就业满意度相对较低。具体来看，毕业半年后就业满意度最高的行业是政府及公共管理（75%）；毕业五年后，教育业（83%）排名第一。另外，政府及公共管理、各类专业设计与咨询服务业在毕业半年后和五年后的就业满意度均排进前五；而制造业相关行业和采矿业就业满意度相对偏低，与职业特点和工作环境有一定的关系（见图 5 -6、图 5 -7、图 5 -8、图 5 -9）。

毕业初期公安/检察/法院/经济执法类职业的就业满意度最高，毕业五年后中小学教育类职业的就业满意度最高；而矿山/石油类职业就业满意度最低。具体来看，毕业半年后就业满意度最高的职业类是公安/检察/法院/经济执法（77%），其次是经营管理、互联网开发及应用、交通运输/邮电、律师/律政调查员，满意度均达到 75%。毕业五年后，教育相关职业就业满意度排名靠前，中小学教育、教育/职业培训类职业就业满意度分别达到 84%、83%。矿山/石油类职业就业满意度相对较低，在毕业半年后和五年后均排在靠后位置（见图 5 -10、图 5 -11、图 5 -12、图 5 -13）。

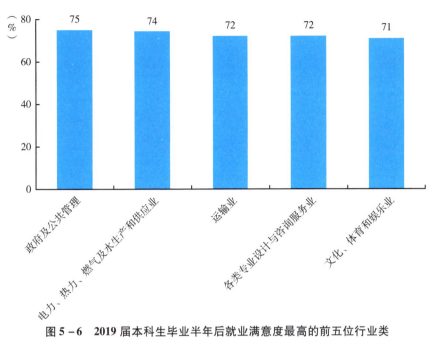

图 5-6 2019 届本科生毕业半年后就业满意度最高的前五位行业类

注：毕业生规模过小的行业类不包括在此排序中。

数据来源：麦可思－中国 2019 届大学毕业生培养质量跟踪评价。

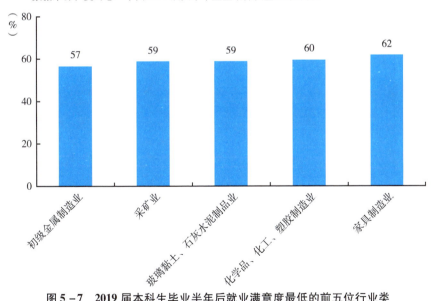

图 5-7 2019 届本科生毕业半年后就业满意度最低的前五位行业类

注：毕业生规模过小的行业类不包括在此排序中。

数据来源：麦可思－中国 2019 届大学毕业生培养质量跟踪评价。

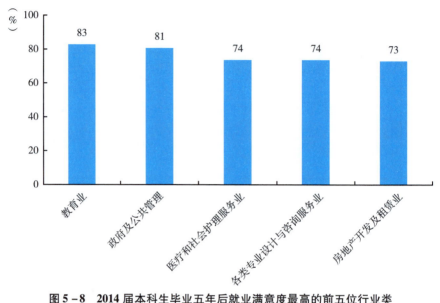

图5-8 2014届本科生毕业五年后就业满意度最高的前五位行业类

注：毕业生规模过小的行业类不包括在此排序中。

数据来源：麦可思-中国2014届大学毕业生五年后职业发展跟踪评价。

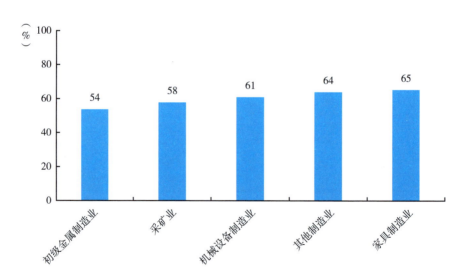

图5-9 2014届本科生毕业五年后就业满意度最低的前五位行业类

注：毕业生规模过小的行业类不包括在此排序中。

数据来源：麦可思-中国2014届大学毕业生五年后职业发展跟踪评价。

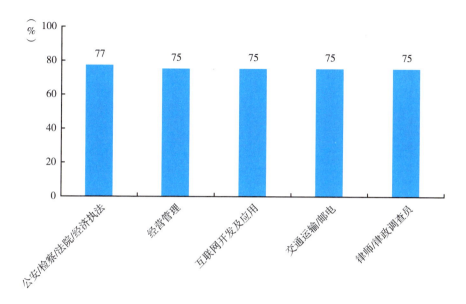

图 5 - 10   2019 届本科生毕业半年后就业满意度最高的前五位职业类

注：毕业生规模过小的职业类不包括在此排序中。

数据来源：麦可思 - 中国 2019 届大学毕业生培养质量跟踪评价。

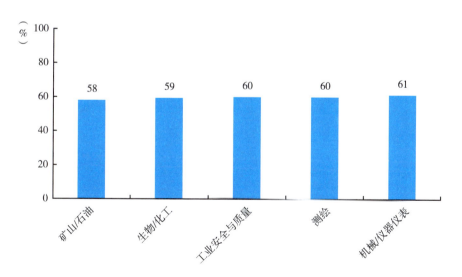

图 5 - 11   2019 届本科生毕业半年后就业满意度最低的前五位职业类

注：毕业生规模过小的职业类不包括在此排序中。

数据来源：麦可思 - 中国 2019 届大学毕业生培养质量跟踪评价。

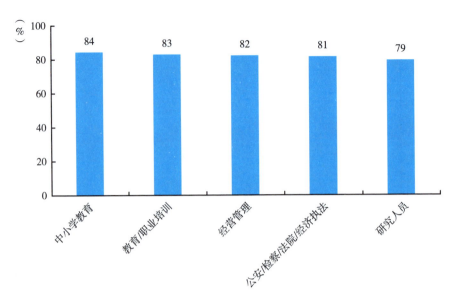

图5-12　2014届本科生毕业五年后就业满意度最高的前五位职业类

注：毕业生规模过小的职业类不包括在此排序中。

数据来源：麦可思－中国2014届大学毕业生五年后职业发展跟踪评价。

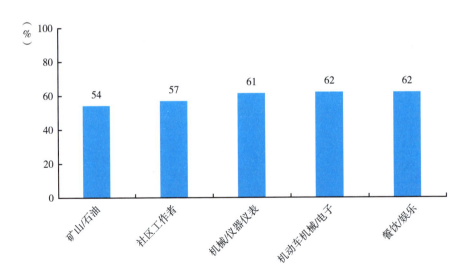

图5-13　2014届本科生毕业五年后就业满意度最低的前五位职业类

注：毕业生规模过小的职业类不包括在此排序中。

数据来源：麦可思－中国2014届大学毕业生五年后职业发展跟踪评价。

五　在各类单位的就业满意度

政府机构/科研或其他事业单位的就业满意度最高，民营企业/个体毕业五年后就业满意度排名有所上升。从2019届毕业半年后和2014届毕业五年后的就业满意度来看，政府机构/科研或其他事业单位的就业满意度在毕业半年后和五年后（分别为77%、82%）均排在首位，且领先其他用人单位类型较多。另外，民营企业/个体在毕业半年后的就业满意度（65%）排名最末，而在毕业五年后（71%）较同届半年后（58%）提升最多，且排名有所提升（见图5-14、图5-15）。

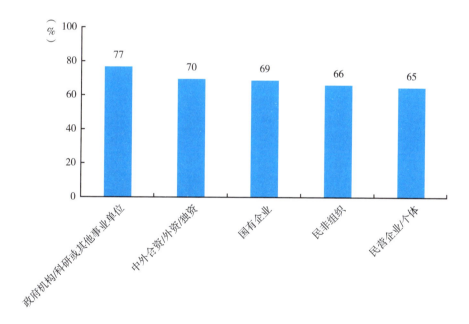

图5-14　2019届本科生毕业半年后在各类型用人单位的就业满意度

数据来源：麦可思-中国2019届大学毕业生培养质量跟踪评价。

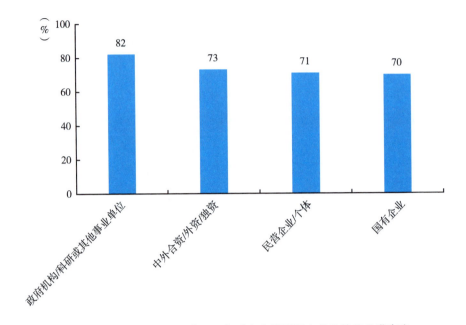

图 5 – 15　2014 届本科生毕业五年后在各类型用人单位的就业满意度

注：民非组织因为样本较少，没有包括在内。

数据来源：麦可思 – 中国 2014 届大学毕业生五年后职业发展跟踪评价。

B.6
本科毕业生职业发展分析

摘　要：　随着工作时间和工作经验的积累，大学生跨过职场初期开始在工作中独当一面，职位晋升或跳槽转行都关系着未来职业发展。通过对就业初期及毕业中期从事专业相关工作的比例、职位晋升、职场忠诚度分析发现，应届毕业生从事专业相关工作的比例趋于稳定；随着职业层次提升，以及对自身职业发展思路更清晰，毕业生毕业五年后不再局限于从事专业相关工作，工作选择面更宽。在职业发展中，职位晋升情况在毕业中期进一步显现，其中管理学、经济学、艺术学职位晋升更快。另外，毕业生职场忠诚度持续提升，离职率持续走低，其中医学毕业生就业稳定性最高，艺术学毕业生职场流动性较强、离职率最高；就业稳定性与专业特点、就业所在用人单位类型等均有一定的关系。

关键词：　就业稳定性　职场忠诚度　职位晋升

一　从事本专业相关工作分析

（一）总体工作与专业相关度

本科毕业生工作与专业相关度①趋于稳定，地方本科院校与"双一流"

---

①　**工作与专业相关度** = 受雇全职工作并且与专业相关的毕业生人数/受雇全职工作的毕业生人数。

103

院校差距在逐渐缩小。从近五年的数据来看，全国本科毕业生从事本专业相关工作的比例在 2015～2017 届逐届上升，每年上升 1 个百分点，从 2017 届开始趋于稳定，保持在 71% 的水平（见图 6−1）。

从不同院校类型来看，"双一流"院校工作与专业相关度相对稳定，而地方本科院校稳步提升，从 2015 届的 68% 提升到 2017 届的 71%。同时，地方本科院校与"双一流"院校差距逐渐减小，从 2015 届相差 4 个百分点缩小到 2018 届、2019 届均相差 2 个百分点（见图 6−2）。

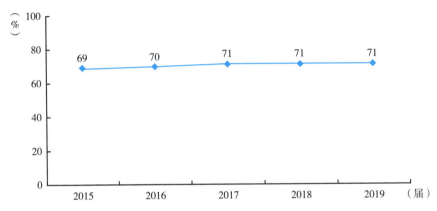

图 6−1　2015～2019 届本科毕业生的工作与专业相关度变化趋势

数据来源：麦可思－中国 2015～2019 届大学毕业生培养质量跟踪评价。

图 6−2　2015～2019 届各类本科院校毕业生的工作与专业相关度变化趋势

数据来源：麦可思－中国 2015～2019 届大学毕业生培养质量跟踪评价。

随着毕业时间的增长，毕业生职业层次提升，对自身职业发展思路更清晰，同时不同专业中期对应的工作岗位准入门槛也存在差异，像医学工作与专业相关度始终保持在较高水平，多数学科门类中期工作选择面会更宽。具体来看，2014届本科生毕业五年后工作与专业相关度（64%）比半年后（69%）低5个百分点。其中，"双一流"院校低了7个百分点，地方本科院校低了4个百分点。同时，"双一流"院校（66%）与地方本科院校（64%）毕业生毕业五年后工作与专业相关度已无明显差异（见图6-3）。

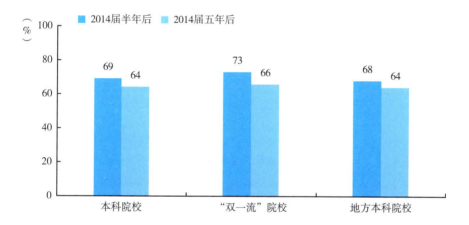

图6-3 2014届本科生毕业五年后的工作与专业相关度（与2014届半年后对比）

数据来源：麦可思-中国2014届大学毕业生五年后职业发展跟踪评价，2014届大学毕业生培养质量跟踪评价。

本科毕业生选择专业无关工作的原因相对稳定，不符合职业期待和先就业再择业依然是毕业生选择专业无关工作的主要因素。从毕业生选择与专业无关工作原因来看，因专业工作不符合自己的职业期待选择无关工作的比例近四成（2019届38%），与往届持平；因迫于现实先就业再择业选择无关工作的比例在两成以上（2019届23%），较往届（21%）略有上升（见图6-4）。部分毕业生对自己所学的专业知识与其毕业后会从事何种职业，认知都较为模糊，在校期间的职业规划教育对于毕业生形成合理的职业期待具有重要意义。

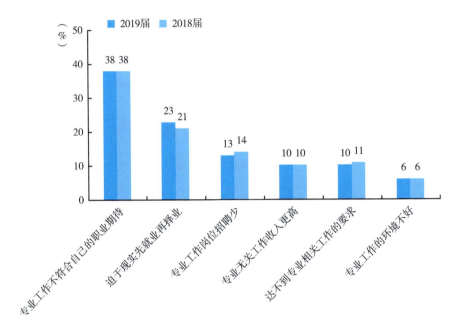

图 6 – 4 2018 届、2019 届本科毕业生选择与专业无关工作的主要原因

数据来源：麦可思 – 中国 2018 届、2019 届大学毕业生培养质量跟踪评价。

（二）主要专业的工作与专业相关度

医学、教育学工作与专业相关度持续排名前两位，历史学工作与专业相关度稳步提升，经济学有所下降。从不同学科门类来看，医学工作与专业相关度连续三届最高，同时 2014 届毕业五年后也最高，均在 90% 及以上；教育学 2017 ~ 2019 届持续上升，2019 届（86%）相较于 2017 届（80%）提升了 6 个百分点，2014 届毕业五年后工作与专业相关度（72%）较同届半年后（68%）提升了 4 个百分点。医学和教育学培养目标对应的工作岗位准入条件严格，本科教育与岗位对接较好。历史学 2017 ~ 2019 届持续上升，2019 届（68%）相较于 2017 届（61%）提升了 7 个百分点。另外需要关注的是，经济学工作与专业相关度从 2017 届的 66% 下降到 2019 届的 62%，这与金融、外贸市场经济环境有一定关系（见表 6 – 1、表 6 – 2）。

具体到专业层面，工作与专业相关度排名前30的专业主要集中在医学和工学相关专业。其中，医学相关专业占了43%，例如：医学影像学（98%）、临床医学（97%）、口腔医学（96%）；工学相关专业占了30%，例如：建筑学（90%）、土木工程（89%）、给排水科学与工程（85%）（见表6-3）。

表6-1　2017~2019届本科各学科门类毕业生的工作与专业相关度

单位：%

本科学科门类名称	2019届	2018届	2017届
医学	92	93	95
教育学	86	84	80
文学	74	74	72
工学	71	72	71
艺术学	68	69	68
历史学	68	65	61
理学	67	66	64
管理学	65	66	67
法学	65	65	63
经济学	62	64	66
农学	55	57	57
全国本科	**71**	**71**	**71**

　　注：个别学科门类因为样本较少，没有包括在内。
　　数据来源：麦可思-中国2017~2019届大学毕业生培养质量跟踪评价。

表6-2　2014届本科各学科门类毕业生毕业五年后的工作与
专业相关度变化（与2014届半年后对比）

单位：%

本科学科门类名称	2014届毕业五年后	2014届毕业半年后
医学	90	94
教育学	72	68
文学	64	65
工学	63	72
法学	63	58
理学	63	60

续表

本科学科门类名称	2014 届毕业五年后	2014 届毕业半年后
艺术学	60	65
管理学	58	68
经济学	58	61
农学	53	55
全国本科	**64**	**69**

注：个别学科门类因为样本较少，没有包括在内。

数据来源：麦可思 – 中国 2014 届大学毕业生五年后职业发展跟踪评价，2014 届大学毕业生培养质量跟踪评价。

表 6 – 3　2019 届本科毕业生工作与专业相关度排前 30 位的主要专业

单位：%

本科专业名称	工作与专业相关度
医学影像学	98
临床医学	97
口腔医学	96
麻醉学	95
小学教育	94
护理学	93
康复治疗学	92
医学检验技术	91
中医学	91
药学	91
建筑学	90
预防医学	89
土木工程	89
针灸推拿学	89
中药学	89
汉语言文学	87
学前教育	86
药物制剂	86
工程造价	85
给排水科学与工程	85
工程管理	84
体育教育	83

续表

本科专业名称	工作与专业相关度
测绘工程	83
建筑环境与能源应用工程	81
电气工程及其自动化	81
软件工程	81
信息安全	81
地理科学	80
城乡规划	80
审计学	80
全国本科	**71**

注：毕业生规模过小的专业不包括在此排序中。

数据来源：麦可思 – 中国 2019 届大学毕业生培养质量跟踪评价。

（三）主要职业的工作与专业相关度

医学相关职业对工作与专业相关度要求最高，行政后勤、销售相关职业要求偏低。在 2019 届本科毕业生工作与专业相关度要求最高的前 20 位职业中，前八位均为医学相关职业，例如：全科医师、放射科医师、麻醉师、妇产科医师（均为 99%）等，这些职业均对专业能力要求高，对应专业特点明显（见表 6 – 4）。另外，在工作与专业相关度要求最低的前 20 位职业中，相对集中的是行政后勤、销售相关的职业，例如：数据录入员（29%）、餐饮服务主管（31%）、客服专员（32%）、行政服务经理（32%）等（见表6 5）。

表 6 – 4　2019 届本科毕业生工作与专业相关度要求最高的前 20 位职业

单位：%

职业名称	工作与专业相关度
全科医师	99
放射科医师	99
麻醉师	99
妇产科医师	99

续表

职业名称	工作与专业相关度
药剂师	98
内科医师	98
护士	97
医学和临床实验室技术人员	97
土木绘图人员	97
外科医师	96
园林建筑师	95
土木工程技术人员	94
城镇规划设计工程技术人员	94
建筑师（非园林和水上景观）	94
机械技术人员	93
建筑绘图人员	93
机械工程技术人员	92
空中交通管制人员	92
汽车机械技术人员	91
生物医学工程技术人员	91
全国本科	**71**

注：毕业生规模过小的职业不包括在此排序中。

数据来源：麦可思－中国2019届大学毕业生培养质量跟踪评价。

表 6 – 5　2019届本科毕业生工作与专业相关度要求最低的前20位职业

单位：%

职业名称	工作与专业相关度
数据录入员	29
餐饮服务主管	31
客服专员	32
行政服务经理	32
房地产经纪人	33
职业规划师	33
物业管理专员	34
餐饮服务生	35
文员	35
行政秘书和行政助理	35

续表

职业名称	工作与专业相关度
公关专员	36
一线销售经理(零售)	36
销售经理	38
社工	38
推销员	39
保险推销人员	39
档案管理员	40
一线销售经理(非零售)	41
生产经营一线主管	42
市场经理	42
全国本科	**71**

注：毕业生规模过小的职业不包括在此排序中。

数据来源：麦可思－中国2019届大学毕业生培养质量跟踪评价。

二　职位晋升情况

（一）总体职位晋升

职位晋升[①]情况在毕业后中期进一步显现。具体来看，2014届毕业三年内本科不同类型院校职位晋升比例均为56%，职位晋升情况在毕业三年内没有差异，但到毕业五年，"双一流"院校获得职位晋升的比例（70%）高出地方本科院校（67%）3个百分点，职业晋升优势随工作年限的增加更加凸显（见图6－5）。同样，在职位晋升次数上也表现出

---

① **职位晋升**：由已经工作的毕业生回答是否获得职位晋升以及获得晋升的次数。职位晋升是指享有比前一个职位更多的职权并承担更多的责任，由毕业生主观判断。这既包括不换雇主的内部提升，也包括通过更换雇主实现的晋升。
  职位晋升次数：由毕业生回答获得职位晋升的次数，计算公式的分子是三年内、五年内毕业生获得的职位晋升次数，没有获得职位晋升的人记为0次，分母是三年内、五年内就业和就业过的毕业生数。

相同的规律，"双一流"院校毕业生在毕业五年内获得职位晋升的次数（1.3 次）更高（见图 6-6）。

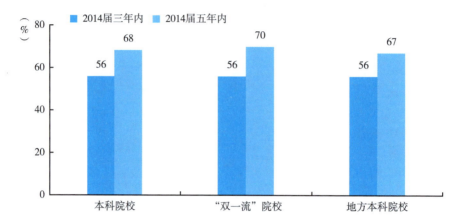

**图 6-5　2014 届本科毕业五年内平均获得职位晋升的
比例（与 2014 届三年内对比）**

数据来源：麦可思-中国 2014 届大学毕业生五年后职业发展跟踪评价，2014 届大学毕业生三年后职业发展跟踪评价。

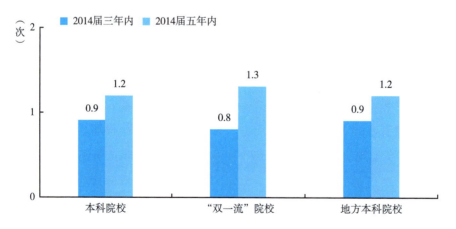

**图 6-6　2014 届本科毕业五年内平均获得职位晋升的
次数（与 2014 届三年内对比）**

数据来源：麦可思-中国 2014 届大学毕业生五年后职业发展跟踪评价，2014 届大学毕业生三年后职业发展跟踪评价。

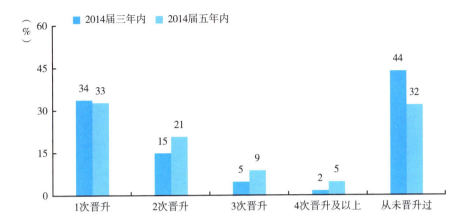

图 6 – 7　2014 届本科毕业生五年内平均获得职位晋升的
频度（与 2014 届三年内对比）

数据来源：麦可思 – 中国 2014 届大学毕业生五年后职业发展跟踪评价，2014 届大学毕业生三年后职业发展跟踪评价。

（二）各学科门类的职位晋升

综合职位晋升比例和次数可以看出，管理学、经济学、艺术学在毕业三年内和五年内均排名前三位。具体来看，管理学、经济学、艺术学毕业三年内获得职业晋升的比例接近 60%，随着工作年限的增加，晋升比例进一步提升，在毕业五年内晋升比例均突破 70%。另外，医学职位晋升的比例和次数在毕业三年内和五年内均相对较低，这与医疗卫生人员特定的职称体系有关（见表 6 – 6、表 6 – 7）。

表 6 – 6　2014 届本科各学科门类毕业生五年内平均获得职位
晋升的比例（与 2014 届三年内对比）

单位：%

本科学科门类名称	2014 届五年内	2014 届三年内
管理学	72	59
经济学	71	59
艺术学	71	58
工学	68	56

续表

本科学科门类名称	2014届五年内	2014届三年内
农学	67	56
文学	64	57
教育学	64	51
理学	63	54
法学	61	50
医学	50	38
全国本科	**68**	**56**

注：个别学科门类因为样本较少，没有包括在内。

数据来源：麦可思－中国2014届大学毕业生五年后职业发展跟踪评价，2014届大学毕业生三年后职业发展跟踪评价。

表6－7　2014届本科各学科门类毕业生五年内平均获得
职位晋升的次数（与2014届三年内对比）

单位：次

本科学科门类名称	2014届五年内	2014届三年内
管理学	1.3	0.9
艺术学	1.3	1.0
经济学	1.3	1.0
农学	1.3	0.9
工学	1.3	0.9
文学	1.1	0.9
法学	1.0	0.8
教育学	1.0	0.8
理学	1.0	0.8
医学	0.7	0.5
全国本科	**1.2**	**0.9**

注：个别学科门类因为样本较少，没有包括在内。

数据来源：麦可思－中国2014届大学毕业生五年后职业发展跟踪评价，2014届大学毕业生三年后职业发展跟踪评价。

（三）主要行业、职业的职位晋升

房地产开发及租赁业、住宿和餐饮业职位晋升最快。具体来看，房地产开发及租赁业、住宿和餐饮业在毕业三年内和五年内职位晋升比例始终排在前两位（见表6-8）。同时，这两个行业毕业五年内的职位晋升次数也排名前二，分别达到1.8次、1.9次（见表6-9）。

表6-8 2014届主要行业类本科毕业生五年内平均获得职位
晋升的比例（与2014届三年内对比）

单位：%

行业类名称	2014届五年内	2014届三年内
房地产开发及租赁业	83	70
住宿和餐饮业	83	76
邮递、物流及仓储业	79	67
建筑业	79	61
零售业	77	69
医药及设备制造业	75	57
各类专业设计与咨询服务业	74	68
金融业	74	59
信息传输、软件和信息技术服务业	74	61
纺织、服装、皮革制造业	74	62
居民服务、修理和其他服务业	74	65
批发业	72	62
化学品、化工、塑胶制造业	72	60
电子电气设备制造业(含计算机、通信、家电等)	72	58
食品、烟草、加工业	71	62
运输业	71	55
文化、体育和娱乐业	69	61
农、林、牧、渔业	68	57
电力、热力、燃气及水生产和供应业	66	52
机械设备制造业	65	51
交通运输设备制造业	64	48
教育业	64	51
行政、商业和环境保护辅助业	62	43
采矿业	56	48
医疗和社会护理服务业	48	41
政府及公共管理	47	34
全国本科	**68**	**56**

注：个别行业类因为样本较少，没有包括在内。

数据来源：麦可思-中国2014届大学毕业生五年后职业发展跟踪评价，2014届大学毕业生三年后职业发展跟踪评价。

表6-9　2014届主要行业类本科毕业生五年内平均获得职位
晋升的次数（与2014届三年内对比）

单位：次

行业类名称	2014届五年内	2014届三年内
住宿和餐饮业	1.9	1.4
房地产开发及租赁业	1.8	1.2
零售业	1.6	1.3
邮递、物流及仓储业	1.6	1.2
信息传输、软件和信息技术服务业	1.5	1.1
建筑业	1.5	1.0
各类专业设计与咨询服务业	1.5	1.1
纺织、服装、皮革制造业	1.5	0.9
食品、烟草、加工业	1.5	1.0
化学品、化工、塑胶制造业	1.4	1.0
居民服务、修理和其他服务业	1.4	1.1
文化、体育和娱乐业	1.4	1.0
电力、热力、燃气及水生产和供应业	1.4	0.8
农、林、牧、渔业	1.3	0.9
医药及设备制造业	1.3	0.9
电子电气设备制造业（含计算机、通信、家电等）	1.3	1.0
批发业	1.3	1.0
金融业	1.3	1.0
运输业	1.3	0.9
行政、商业和环境保护辅助业	1.2	0.7
交通运输设备制造业	1.2	0.8
采矿业	1.2	0.6
机械设备制造业	1.1	0.8
教育业	1.0	0.7
医疗和社会护理服务业	0.7	0.5
政府及公共管理	0.6	0.4
全国本科	**1.2**	**0.9**

注：个别行业类因为样本较少，没有包括在内。

数据来源：麦可思－中国2014届大学毕业生五年后职业发展跟踪评价，2014届大学毕业生三年后职业发展跟踪评价。

经营管理类职业职位晋升优势明显。具体来看，经营管理类职业在毕业三年内职位晋升比例已突破 80%，毕业五年内职位晋升比例进一步上升，达到 90%。晋升速度快体现了其职业的特点，该职业本身就要求需达到一定的层次才能够胜任。另外，受职业特点影响，公安/检察/法院/经济执法、医疗保健/紧急救助职位晋升情况相对缓慢（见表 6－10、表 6－11）。

表 6－10　2014 届主要职业类本科毕业生五年内平均获得职位
晋升的比例（与 2014 届三年内对比）

单位：%

职业类名称	2014 届五年内	2014 届三年内
经营管理	90	83
房地产经营	81	78
建筑工程	78	61
生产/运营	77	72
销售	77	69
物流/采购	77	63
人力资源	76	67
金融(银行/基金/证券/期货/理财)	73	58
互联网开发及应用	73	64
电力/能源	73	55
幼儿与学前教育	73	56
生物/化工	72	58
媒体/出版	71	60
美术/设计/创意	70	68
计算机与数据处理	70	58
工业安全与质量	70	53
电气/电子(不包括计算机)	69	55
保险	68	54
律师/律政调查员	68	55
教育/职业培训	68	46
财务/审计/税务/统计	68	57
矿山/石油	65	52
机动车机械/电子	64	48
交通运输/邮电	63	54

续表

职业类名称	2014届五年内	2014届三年内
机械/仪器仪表	62	48
中小学教育	61	49
环境保护	60	50
农/林/牧/渔类	58	48
行政/后勤	54	44
医疗保健/紧急救助	48	38
公安/检察/法院/经济执法	43	33
全国本科	**68**	**56**

注：个别职业类因为样本较少，没有包括在内。

数据来源：麦可思 – 中国2014届大学毕业生五年后职业发展跟踪评价，2014届大学毕业生三年后职业发展跟踪评价。

表6-11 **2014届主要职业类本科毕业生五年内平均获得职位晋升的次数（与2014届三年内对比）**

单位：次

职业类名称	2014届五年内	2014届三年内
经营管理	2.2	1.7
房地产经营	1.9	1.5
生产/运营	1.6	1.2
互联网开发及应用	1.6	1.1
销售	1.5	1.2
建筑工程	1.5	0.9
美术/设计/创意	1.5	1.3
物流/采购	1.4	1.1
电力/能源	1.4	0.8
人力资源	1.4	1.0
媒体/出版	1.4	1.0
计算机与数据处理	1.3	0.9
生物/化工	1.3	1.0
电气/电子(不包括计算机)	1.3	0.8
律师/律政调查员	1.3	1.0
教育/职业培训	1.3	0.9
幼儿与学前教育	1.3	0.9
金融(银行/基金/证券/期货/理财)	1.2	0.9

职业类名称	2014届五年内	2014届三年内
工业安全与质量	1.2	0.8
保险	1.2	0.9
财务/审计/税务/统计	1.2	0.8
环境保护	1.2	0.7
交通运输/邮电	1.1	0.9
机动车机械/电子	1.1	0.7
矿山/石油	1.1	0.7
机械/仪器仪表	1.0	0.7
农/林/牧/渔类	1.0	0.8
中小学教育	0.9	0.6
行政/后勤	0.8	0.6
医疗保健/紧急救助	0.6	0.5
公安/检察/法院/经济执法	0.6	0.4
全国本科	**1.2**	**0.9**

注：个别职业类因为样本较少，没有包括在内。

数据来源：麦可思－中国2014届大学毕业生五年后职业发展跟踪评价，2014届大学毕业生三年后职业发展跟踪评价。

（四）职位晋升的类型

在职位晋升类型方面，毕业生晋升的类型主要表现在薪资和工作职责的增加，管理权限扩大和专业职称随着工作年限的增加提升比例明显。具体来看，有77%、71%的人群在毕业五年后获得薪资和工作职责的增加，与三年后增长比例（76%、69%）基本持平；而管理权限的扩大和专业职称的提升比例在五年后分别为53%、45%，与三年后（49%、41%）相比均提升了4个百分点（见图6－8）。

（五）对职位晋升有帮助的活动与因素

课堂内、外所学的知识和技能对职位晋升帮助最大。具体来看，毕业三年后和五年后均有四成以上的毕业生认为课上所学的知识和技能、课下自学

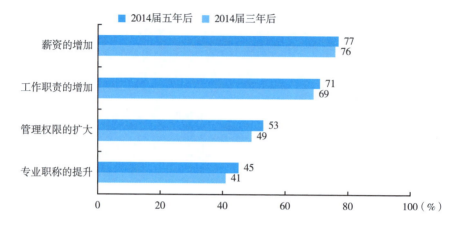

图6-8　2014届本科生毕业五年后职位晋升的类型（与2014届三年后对比）

数据来源：麦可思－中国2014届大学毕业生五年后职业发展跟踪评价，2014届大学毕业生三年后职业发展跟踪评价。

的知识和技能（含培训）对职位晋升帮助最大。其中，课上所学的知识和技能在毕业五年后进一步发力，对职位晋升的帮助程度（48%）高出毕业三年后（42%）6个百分点，在校课堂教授的知识和技能为毕业生的职业发展提供的帮助更为持久和长远（见图6-9）。

图6-9　2014届本科生毕业五年后认为对职位晋升有帮助的大学活动（与2014届三年后对比）

数据来源：麦可思－中国2014届大学毕业生五年后职业发展跟踪评价，2014届大学毕业生三年后职业发展跟踪评价。

三 职场忠诚度分析

(一)离职率与雇主数

毕业生职场忠诚度持续提升，"双一流"院校毕业生职场忠诚度更高。从近五年离职率①来看，全国本科毕业生离职比例由 2015 届的 24% 降至 2019 届的 22%。其中，"双一流"院校离职率仅为地方本科院校的一半，"双一流"院校离职率从 2015 届的 13% 下降到 2019 届的 12%，地方本科院校从 2015 届的 26% 下降到 2019 届的 24%（见图 6-10、图 6-11）。

从毕业五年内的雇主数②来看，全国本科毕业生五年内的雇主数为 2.2 个。其中，"双一流"院校毕业生五年内的雇主数为 2.1 个，低于地方本科院校（2.3 个），尤其在只有 1 个雇主数的比例上，"双一流"院校（38%）明显高于地方本科院校（32%）（见图 6-12、图 6-13）。

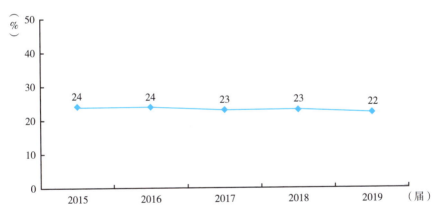

图 6-10 2015~2019 届本科毕业生毕业半年内的离职率变化趋势

数据来源：麦可思－中国 2015~2019 届大学毕业生培养质量跟踪评价。

---

① **离职率**：有过工作经历的毕业生（从毕业时到 2019 年 12 月 31 日）有多大比例发生过离职。离职率＝曾经发生离职行为的毕业生人数/现在工作或曾经工作过的毕业生人数。

② **雇主数**：指毕业生从第一份工作到五年后的跟踪评价时点，一共为多少个雇主工作过。雇主数越多，则工作转换得越频繁；雇主数可以代表毕业生工作稳定的程度。

图6-11 2015～2019届各类本科院校毕业生毕业半年内的离职率变化趋势

数据来源：麦可思－中国2015～2019届大学毕业生培养质量跟踪评价。

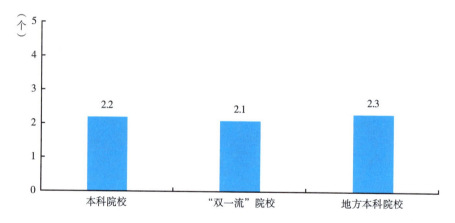

图6-12 2014届本科生毕业五年内的平均雇主数

数据来源：麦可思－中国2014届大学毕业生五年后职业发展跟踪评价。

　　医学毕业生职场忠诚度最高。具体来看，医学本科生毕业半年内的离职率连续三届均在15%以下，低于全国本科平均水平10个百分点，同时是毕业五年内唯一一个雇主数低于2个的学科门类。另外，艺术学毕业生职场流动性较强，毕业半年内的离职率（30%）和五年内的雇主数（2.5个）均最高（见表6-12、表6-13）。就业稳定性与专业特点、就业所在用人单位类型等均有一定的关系。

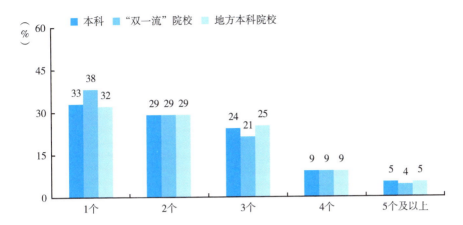

图 6 – 13   2014 届本科生毕业五年内工作过的雇主数频度

数据来源：麦可思－中国 2014 届大学毕业生五年后职业发展跟踪评价。

表 6 – 12   2017～2019 届本科各学科门类毕业生毕业半年内的离职率

单位：%

本科学科门类名称	2019 届	2018 届	2017 届
医学	12	13	13
历史学	15	17	18
教育学	18	19	20
法学	20	21	22
工学	20	21	21
理学	20	22	23
管理学	25	26	26
经济学	26	26	25
农学	26	27	26
文学	28	27	28
艺术学	30	31	32
全国本科	**22**	**23**	**23**

注：个别学科门类因为样本较少，没有包括在内。

数据来源：麦可思－中国 2017～2019 届大学毕业生培养质量跟踪评价。

表6-13　2014届本科各学科门类毕业生毕业五年内的平均雇主数

单位：个

本科学科门类名称	毕业五年内平均雇主数
医学	1.7
教育学	2.0
理学	2.1
法学	2.1
经济学	2.2
文学	2.3
管理学	2.3
工学	2.3
农学	2.4
艺术学	2.5
全国本科	**2.2**

注：个别学科门类因为样本较少，没有包括在内。

数据来源：麦可思-中国2014届大学毕业生五年后职业发展跟踪评价。

（二）离职类型与原因

毕业生离职主要为主动离职，追求发展空间以及薪资福利依然是离职的主要因素。从离职类型①来看，2019届本科毕业生离职的人群中98%都属于主动离职（见图6-14）。从离职原因来看，个人发展空间不够（47%）、薪资福利偏低（43%）两个因素仍然是主要原因，与2018届情况基本一致（见图6-15）。从整体看，如何帮助学生做好合理的职业规划，选择适合自己的职业和行业以避免盲目离职，是高校就业指导工作改进的重要内容。

---

① **离职类型**：分为主动离职（辞职）、被雇主解职、两者均有（离职两次及以上可能会出现）三类情形。

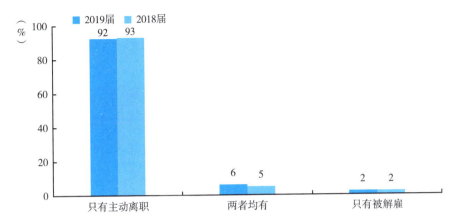

图 6-14 2018 届、2019 届本科毕业生的离职类型分布

数据来源：麦可思-中国 2018 届、2019 届大学毕业生培养质量跟踪评价。

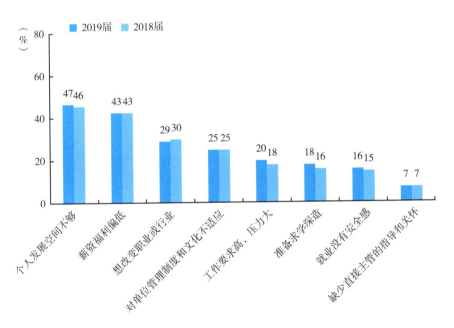

图 6-15 2018 届、2019 届本科毕业生主动离职的原因

数据来源：麦可思-中国 2018 届、2019 届大学毕业生培养质量跟踪评价。

B.7
本科毕业生读研和留学分析

摘　要： 产业因升级而对高层次人才的需求进一步加大，大学生通过读研或留学深造提升自我竞争力的需求也越来越明显。通过对读研和留学趋势、深造动机、学历提升人群职业发展现状进行分析后发现，国内读研比例呈上升态势，考研热度持续升温，考研竞争进一步加大。在读研动机方面，"逃避式考研"（就业难暂时读研）并非读研主因，更多的毕业生对读研有着清晰的目标和计划。对于留学情况，近五年留学比例波动幅度较小。相对于"留学热"，"回国潮"现象进一步显现，更多归国留学生流向新一线城市。另外，通过读研和留学获得学历提升人群的就业满意度和薪资水平明显高于学历未提升人群，教育投资在就业中期带来的经济回报和职场幸福感进一步显现。

关键词： 读研　留学　归国意愿　教育回报

一　读研和留学比例

（一）国内读研比例

国内读研比例持续提升，"双一流"院校与地方本科院校差距进一步扩大。从近五年的数据来看，全国本科毕业生国内读研比例由2015届的13.5%增至2019届的15.2%。其中，"双一流"院校读研比例远超地方本科院校，在 2015 届两者差距在 16.0 个百分点，到 2019 届差距进一步扩大，达到 17.8 个百分点（见图 7－1）。产业结构的转型升级对高层次人才的需求和要求进一步提升，大学生想通过考研深造提升自我竞争力的需求也越来越明显。数据显示，继 2019 年硕士研究生报名人数（290 万人）高涨之后，2020 年硕士研究生报名人数再次打破纪录，突破 300 万大关达到 341 万人①，"考研热"连年升温，读研人数也将进一步上升。

图 7－1　2015～2019 届本科毕业生国内读研的比例变化趋势

数据来源：麦可思－中国 2015～2019 届大学毕业生培养质量跟踪评价。

从近几年未就业人群分析来看，继续准备读研的比例呈现进一步上升的趋势，从 2016 届的 1.9% 上升至 2019 届的 4.0%，越来越多的往届毕业生选择坚持"二战"跃迁到硕士学历赛道。从研究生报考数和招生量来看，考研报名人数由 2015 年的 165 万上升到 2018 年的 238 万②，2019 年进一步大幅上升，到 2020 年已突破 300 万；而 2015～2018 年的《全国教育事业发展统计公报》显示，硕士招生人数仅从 2015 年的 57 万增长到 2018 年的 76 万，招生数量上升幅度远低于报名人数的增长速度，考研竞争更为激烈。对

---

① 2019 年硕士研究生报名人数来源于研招网《2019 年全国硕士研究生招生数据报告》，2020 年数据来源于教育部网站。

② 硕士研究生报名人数来源于研招网《2019 年全国硕士研究生招生数据报告》。

2015 届、2016 届毕业半年后继续准备读研人群的持续跟踪调研发现，考研"二战"（"三战"）的成功率有所下降，由 2015 届的 55.4% 下降至 2016 届的 48.2%，考研难度进一步加大（见图 7-2）。

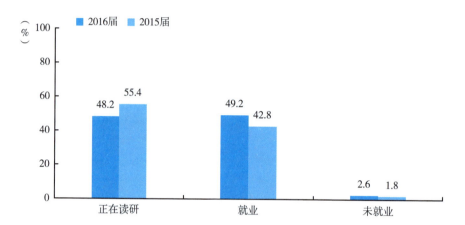

图 7-2　2015 届、2016 届本科生毕业半年后准备考研群体三年后的学历提升情况

数据来源：麦可思 - 中国 2015 届、2016 届大学毕业生三年后职业发展跟踪评价，2015 届、2016 届大学毕业生培养质量跟踪评价。

跨专业考研方面，近三成本科毕业生读研转换了专业，地方本科院校转换专业比例更高。具体来看，2019 届"双一流"院校毕业生读研转换专业比例为 22%，地方本科院校毕业生读研转换专业比例为 27%（见图 7-3）。对所跨专业的兴趣爱好和未来就业前景是毕业生跨专业考研的主要动因。

医学、理学、农学三大学科持续占据读研排行榜前三名。具体来看，医学、理学、农学读研比例①连续三届均超 20%，且呈现进一步上升的趋势。其中，医学读研比例连续三届排名榜首；工学读研比例 2019 届（17.0%）增长最多，相较于 2017 届（15.2%）上升了 1.8 个百分点（见表 7-1）。具体到 2019 届本科毕业生读研的主要研究生专业类分布来看，临床医学类、法学类、计算机类、电子信息类研究生最多，占比均超过 5%（见表 7-

---

①　各学科门类读研比例 = 各学科门类国内读研的毕业生人数/该学科门类毕业生总人数。

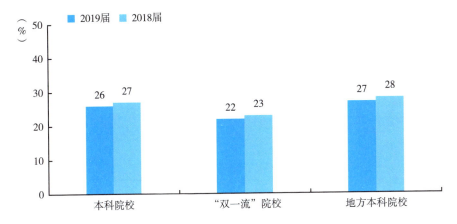

图 7 – 3　2018 届、2019 届本科毕业生读研转换专业的比例

数据来源：麦可思 – 中国 2018 届、2019 届大学毕业生培养质量跟踪评价。

3）。随着 2020 年研究生扩招政策的进一步实施，扩招将重点投放到服务国家战略和社会民生应急领域，重点投向临床医学、公共卫生、集成电路、人工智能等专业①，医学及工学相关专业的读研比例将进一步提升。

表 7 – 1　2017～2019 届本科各学科门类读研比例

单位：%

本科学科门类名称	2019 届	2018 届	2017 届
医学	26.6	26.3	25.7
理学	23.3	23.2	22.8
农学	22.8	22.2	21.4
法学	18.5	18.4	17.6
历史学	17.6	17.5	16.8
工学	17.0	16.1	15.2
文学	12.0	11.6	10.8
教育学	11.7	11.4	10.9

---

① 《国务院联防联控机制举行鼓励企业吸纳高校毕业生、农民工就业相关政策发布会》，国务院新闻办公室，2020 年 2 月 28 日。

续表

本科学科门类名称	2019 届	2018 届	2017 届
经济学	11.7	11.2	10.9
管理学	10.5	9.8	9.2
艺术学	7.0	6.2	5.8
全国本科	**15.2**	**14.7**	**14.1**

注：个别学科门类因为样本较少，没有包括在内。

数据来源：麦可思－中国 2017～2019 届大学毕业生培养质量跟踪评价。

　　各学科读研转换专业方面，经管类跨专业比例①较高，医学最低。具体来看，管理学、经济学读研转换专业的比例均在 40% 及以上，经管类相近专业跨考成功率较高；而医学读研转换专业的比例仅为 12%（见表 7－2）。毕业生选择跨专业考研与所学本科专业特点及对本科专业认同情况有较大的关系，跨学科考研对培养复合型的人才有积极的影响，但同时对本硕专业统一的研究生培养模式带来了新的挑战。

表 7－2　2018 届、2019 届本科各学科门类读研转换专业比例

单位：%

本科学科门类名称	2019 届	2018 届
管理学	43	44
经济学	40	40
文学	30	28
农学	29	29
艺术学	25	28
理学	23	24
工学	22	22
教育学	21	22
历史学	15	15
法学	14	14
医学	12	12
全国本科	**26**	**27**

注：个别学科门类因为样本较少，没有包括在内。

数据来源：麦可思－中国 2018 届、2019 届大学毕业生培养质量跟踪评价。

---

①　各学科门类读研转换专业比例 = 各学科门类国内读研的毕业生转换专业的人数/该学科门类读研毕业生总人数。

表7-3 2019届本科毕业生读研的主要研究生专业类分布

单位：%

主要研究生专业类	分布比例	主要研究生专业类	分布比例
临床医学类	6.0	统计学类	0.7
法学类	5.5	能源动力类	0.7
计算机类	5.3	财政学类	0.6
电子信息类	5.1	社会学类	0.6
工商管理类	4.9	航空航天类	0.5
机械类	3.8	林学类	0.4
外国语言文学类	3.6	医学技术类	0.4
教育学类	3.4	护理学类	0.4
中国语言文学类	2.9	中西医结合类	0.4
金融学类	2.3	物流管理与工程类	0.4
材料类	2.3	公共卫生与预防医学类	0.4
化学类	2.2	仪器类	0.4
土木类	2.2	工业工程类	0.4
经济学类	2.1	测绘类	0.4
生物科学类	2.0	哲学类	0.4
中医学类	1.9	口腔医学类	0.4
数学类	1.9	地质类	0.3
新闻传播学类	1.9	安全科学与工程类	0.3
音乐与舞蹈学类	1.5	基础医学类	0.3
设计学类	1.5	海洋工程类	0.3
化工与制药类	1.5	生物医学工程类	0.3
物理学类	1.4	政治学类	0.3
公共管理类	1.4	水利类	0.3
电气类	1.4	自然保护与环境生态类	0.3
体育学类	1.4	轻工类	0.3
心理学类	1.4	图书情报与档案管理类	0.2
自动化类	1.3	艺术学理论类	0.2
马克思主义理论类	1.3	力学类	0.2
历史学类	1.2	植物生产类	0.2
药学类	1.2	矿业类	0.2
环境科学与工程类	1.2	旅游管理类	0.2
交通运输类	1.1	农业经济管理类	0.2
管理科学与工程类	1.1	电子商务类	0.2
地理科学类	1.1	农业工程类	0.1

续表

主要研究生专业类	分布比例	主要研究生专业类	分布比例
美术学类	1.0	兵器类	0.1
食品科学与工程类	0.9	海洋科学类	0.1
戏剧与影视学类	0.9	纺织类	0.1
生物工程类	0.9	林业工程类	0.1
建筑类	0.8	动物医学类	0.1
经济与贸易类	0.8	地质学类	0.1
中药学类	0.8	动物生产类	0.1

注：个别专业类因为样本较少比例较低，没有展示。

数据来源：麦可思－中国 2019 届大学毕业生培养质量跟踪评价。

（二）留学比例

近五年留学比例波动幅度较小，"双一流"院校留学比例领先地方本科院校 3 个百分点左右。从留学比例的趋势变化来看，留学比例从 2011 届的 0.9% 持续上升到 2015 届的 2.1%，而从 2015 届开始留学比例趋于稳定，保持在 2.1% 到 2.3% 之间。从不同院校类型来看，近五届"双一流"院校留学比例保持在 4.6%～4.9%，地方本科院校留学比例保持在 1.5%～1.7%（见图 7－4）。

图 7－4　2015～2019 届本科毕业生留学的比例变化趋势

数据来源：麦可思－中国 2015～2019 届大学毕业生培养质量跟踪评价。

从不同学科门类来看，经济学、文学、管理学毕业生的留学比例①相对较高，2019届留学比例分别为4.6%、3.2%、2.4%。从留学专业分布看，工商管理学是留学最为热门的专业，在留学专业中占比达到37.8%。另外，工程科学、计算机与信息科学、法律和法律学、教育学专业是留学人群选择较多的专业，占比均在6%以上（见表7-4、图7-5）。

表7-4　2017~2019届本科各学科门类留学比例

单位：%

本科学科门类名称	2019届	2018届	2017届
经济学	4.6	4.4	4.6
文学	3.2	3.3	3.3
管理学	2.4	2.3	2.3
法学	2.2	2.1	2.2
工学	2.0	2.1	2.1
理学	1.8	1.6	1.6
艺术学	1.8	1.5	1.5
农学	0.8	0.8	0.8
教育学	0.4	0.3	0.4
医学	0.4	0.3	0.3
历史学	0.1	0.2	0.3
全国本科	2.2	2.1	2.3

注：个别学科门类因为样本较少，没有包括在内。
数据来源：麦可思－中国2017~2019届大学毕业生培养质量跟踪评价。

---

① 各学科门类留学比例＝各学科门类留学的毕业生人数/该学科门类毕业生总人数。

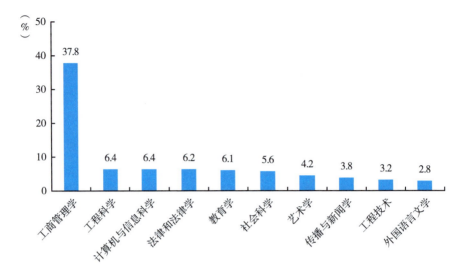

图 7-5 2019 届本科毕业生留学的主要专业类分布

数据来源：麦可思-中国 2019 届大学毕业生培养质量跟踪评价。

二 读研和留学动机

（一）国内读研动机

就业前景好、想去更好的大学以及职业发展需要是毕业生选择读研的主要因素。从毕业生读研的动机来看，因就业难暂时读研的人群占少数（17%），"逃避式考研"并未成为趋势，而是更多的毕业生对读研有着更为清晰的目标和计划，分别有 52%、49% 的毕业生因就业前景好和职业发展需要而读研。另外，有 51% 的毕业生因为想去更好的大学而考研，且这一比例较前两届（2017 届、2018 届分别为 40%、45%）上升明显（见图 7-6）。

在读研择校方面，相比于学校的品牌和地理位置，所学专业的社会声誉起的作用更大。具体来看，有 36% 的人群选择研究生院校时最关注所报考专业的声誉，分别有 24%、20% 的人群最关注学校的牌子和学校所在城市（见图 7-7）。"优选专业、再选学校"是大多数毕业生选择研究生院校的优先级顺序。

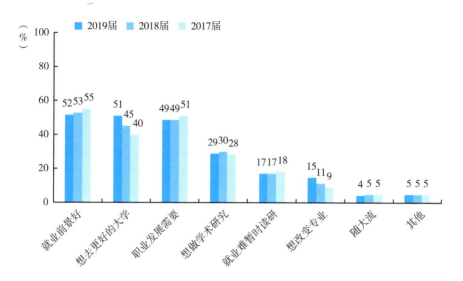

图7-6　2017～2019届本科毕业生读研的主要动机

数据来源：麦可思-中国2017～2019届大学毕业生培养质量跟踪评价。

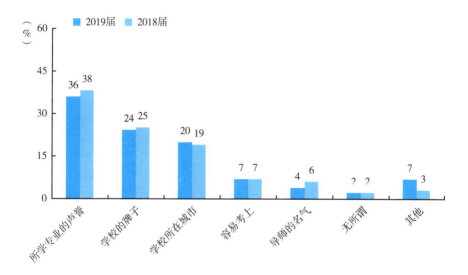

**图7-7　2018届、2019届本科院校读研的毕业生选择研究生
院校时最关注的因素分布**

数据来源：麦可思-中国2018届、2019届大学毕业生培养质量跟踪评价。

（二）留学动机

在留学动机方面，增强职业综合竞争力是毕业生选择留学的首要因素（35%）。另外，也有20%左右（分别为24%、19%）的毕业生为学习先进的知识和技能、接受先进的教育方式而选择留学深造（见图7-8）。留学经历对学生能力的提升、知识面的拓宽以及扩大国际视野都有重要的影响。

图7-8 2018届、2019届本科毕业生留学的主要动机

数据来源：麦可思-中国2018届、2019届大学毕业生培养质量跟踪评价。

在对毕业生留学后打算回国发展还是留居海外的意愿调研中，留学人群"回国意愿"进一步凸显。具体来看，本科2019届有49%的毕业生留学后打算直接回到境内来工作，且这一比例较2018届（42%）上升较多（见图7-9）。相对于"留学热"，"回国潮"现象进一步显现，据教育部统计，从1978年到2018年底，各类出国留学人员累计达585.71万人。其中153.39万人正在国外进行相关阶段的学习和研究；432.32万人已完成学业，365.14 万人在完成学业后选择回国发展，占已完成学业群体的84.46%①。对国内经济发展的肯定和信心成为留学人员选择回国发展的重要原因。

图 7 - 9   2018 届、2019 届本科毕业生留学后的回国意愿分布

数据来源：麦可思 - 中国 2018 届、2019 届大学毕业生培养质量跟踪评价。

通过对 2014 届本科留学人群的持续跟踪发现，五年后近七成（69%）回流选择境内居住，31% 留在境外（见图 7 - 10）。其中，"北上广深"一线城市吸引海外人才的力度较大，尤其北京、上海两地吸引力最大，2014 届本科留学人群毕业五年后分别有 19.8%、17.6% 选择在北京、上海居住（见表 7 - 5）。另外，随着全国各地人才引进政策的相继出台和各大城市"抢人大战"的进一步开展，除一线城市等发达地区外，较多新一线城市对海外留学人才的吸引力度也进一步显现，具体来看，毕业生在南京、杭州、成都、苏州、西安、武汉等新一线城市居住的比例在 2.7% ~ 4.8%。

①《2018 年度我国出国留学人员情况统计》，教育部，2019 年 3 月 27 日。

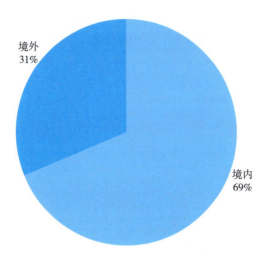

图 7 – 10　2014 届本科毕业半年后留学人群
五年后的居住地分布

数据来源：麦可思－中国 2014 届大学毕业生
五年后职业发展跟踪评价，2014 届大学毕业生培
养质量跟踪评价。

表 7 – 5　2014 届本科毕业半年后留学人群五年后在境内的主要居住城市

单位：%

主要城市	分布比例
北京	19.8
上海	17.6
深圳	7.5
广州	5.3
南京	4.8
杭州	4.8
成都	3.7
苏州	3.7
西安	3.2
武汉	2.7

数据来源：麦可思－中国 2014 届大学毕业生五年后职业发展跟踪评价，2014 届大学毕业生培
养质量跟踪评价。

三 职业发展

(一)用人单位分布

从 2014 届本科毕业半年后国内读研与留学人群五年后就业的用人单位类型来看,民企对读研和留学人群的吸纳能力均较强,另外,政府机构/科研或其他事业单位对国内读研人群的吸纳能力更强。具体来看,国内读研人群和留学人群选择在民营企业/个体就业的比例均较高,分别为 33%、40%;除此之外,国内读研人群选择在政府机构/科研或其他事业单位就业的比例(34%)远超留学人群(14%),而留学人群选择在中外合资/外资/独资企业就业的比例(26%)远超国内读研人群(8%)(见图 7 – 11)。

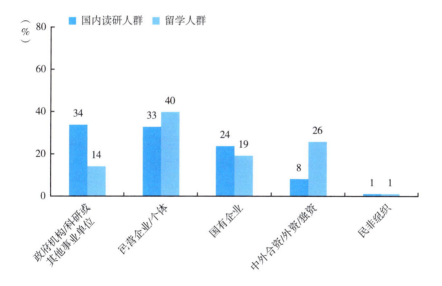

图 7 – 11 2014 届本科毕业半年后国内读研与留学人群
五年后就业的用人单位类型对比

数据来源:麦可思 – 中国 2014 届大学毕业生五年后职业发展跟踪评价,2014 届大学毕业生培养质量跟踪评价。

（二）就业质量

除在毕业后直接选择读研或者留学深造外，也有一部分毕业生在工作一段时间后选择深造。通过对 2014 届本科大学生毕业五年后的学历提升追踪发现，本科大学生毕业五年后学历有进一步提升。具体来看，2014 届本科毕业生在毕业时有 13.6% 的学生选择继续深造，而到五年后，2014 届本科大学生有过学历提升的比例达到 19.8%，比同届毕业时上升 6.2 个百分点。其中，"双一流"院校毕业五年后学历提升人群的比例达到 36.1%，地方本科院校毕业五年后学历提升人群的比例为 16.6%（见图 7 - 12）。

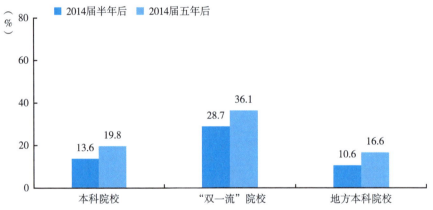

图 7 - 12　2014 届本科大学生毕业五年后学历提升人群的比例

数据来源：麦可思 - 中国 2014 届大学毕业生五年后职业发展跟踪评价。

学历提升在就业中期带来的经济回报进一步体现。通过对 2014 届本科毕业五年后学历提升人群和学历未提升人群的月收入对比发现，有过学历提升人群的月收入（10408 元）比学历未提升人群（9683 元）高 725 元。其中，"双一流"院校本科毕业生学历提升带来的影响更大，学历提升人群的月收入（13027 元）比未提升人群（11883 元）高 1144 元，增幅为 9.6%；地方本科院校中学历提升人群的月收入（9885 元）比未提升人群（9243元）高 642 元，增幅为 6.9%（见图 7 - 13）。

学历提升除了给毕业生带来经济回报以外，对学生的职场感受也有积极

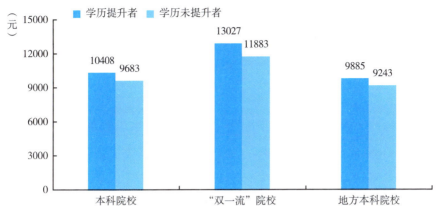

图 7 – 13　2014 届本科毕业五年后学历提升人群和学历未提升人群的月收入对比

数据来源：麦可思 – 中国 2014 届大学毕业生五年后职业发展跟踪评价。

影响。通过对本科毕业五年后学历提升人群和学历未提升人群的就业现状满意度对比发现，学历提升人群的就业满意度（79%）明显高于学历未提升人群（73%）。其中，"双一流"院校学历提升人群五年后的就业现状满意度（79%）比学历未提升人群（70%）高 9 个百分点，地方本科院校学历提升人群五年后的就业现状满意度（79%）比学历未提升人群（73%）高6 个百分点，学历提升带来的职场幸福感更强（见图 7 – 14）。

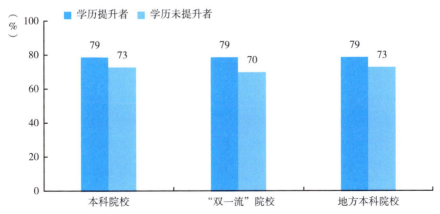

**图 7 – 14　2014 届本科毕业五年后学历提升人群和学历
未提升人群的就业现状满意度对比**

数据来源：麦可思 – 中国 2014 届大学毕业生五年后职业发展跟踪评价。

B.8
本科毕业生自主创业分析

摘　要：　"大众创业，万众创新"是当下国家实现经济转型、产业升级的重要动力源泉。通过对就业初期及中期创业比例变化、创业人群薪资收入、创业动机分析发现，毕业三到五年内，创业比例翻倍增长。同时对"毕业即创业"群体的持续跟踪发现，自主创业人群在毕业三年内有半数以上退出创业市场，创业存活率进一步下降，创业效果应从长评价。从创业领域来看，教育辅导、文体娱乐是本科毕业生自主创业的主要领域，同时"创业为理想"是毕业生创业的主要驱动力。另外，自主创业人群月收入优势明显，随着创业时间延长薪资优势进一步扩大。

关键词：　大学生创业　自主创业

一　自主创业比例

　　毕业三到五年内自主创业比例翻倍，创业效果应从长评价。2019届本科毕业生自主创业的比例为1.6%，其中"双一流"院校毕业生自主创业的比例为0.9%，地方本科院校毕业生自主创业的比例为1.7%。而从毕业后自主创业的比例来看，毕业三年后自主创业比例翻倍达到4.1%，毕业五年后，自主创业比例进一步提升至4.8%。随着毕业时间的延长，毕业生自主创业比例持续上升（见图8-1、图8-2）。

　　自主创业群体的生存挑战在增加。对2016届毕业半年内自主创业的毕

图 8 - 1 2015 ～ 2019 届本科毕业半年后自主创业的比例变化趋势

数据来源：麦可思 - 中国 2015 ～ 2019 届大学毕业生培养质量跟踪评价。

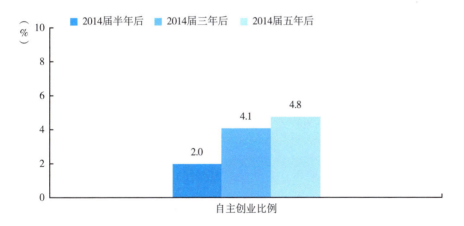

图 8 - 2 2014 届本科生毕业五年后自主创业的比例
（与 2014 届毕业半年后、毕业三年后对比）

数据来源：麦可思 - 中国 2014 届大学毕业生五年后职业发展跟踪评价，2014 届大学毕业生三年后职业发展跟踪评价，2014 届大学毕业生培养质量跟踪评价。

业生进一步跟踪发现，自主创业人群在毕业三年内有半数以上退出创业市场，仍然坚持创业的比例为 44.4%，与 2015 届（45.0%）、2014 届（46.9%）相比创业存活率进一步下降（见图 8 - 3）。融资渠道单一、不畅

是大学生创业普遍存在的问题，另外，除创业环境、行业竞争等外部因素外，大学生创业能力不足、水平不高是导致其创业成功率偏低的主要因素[①]。

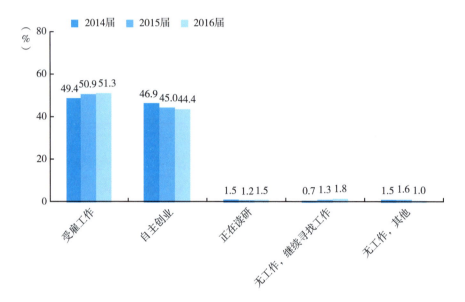

图 8 – 3　2014 ~ 2016 届本科生毕业半年自主创业者三年后的去向分布

数据来源：麦可思 – 中国 2014 ~ 2016 届大学毕业生三年后职业发展跟踪评价，2014 ~ 2016 届大学毕业生培养质量跟踪评价。

教育行业是本科毕业生自主创业的主要领域。具体来看，在毕业半年后有近 1/4（24.5%）的毕业生选择在教育行业创业；另外在文化、体育和娱乐行业创业的比例[②]（15.8%）也较高（见图 8 – 4）。在线教育等新兴领域的发展为毕业生创业提供了广阔的舞台。

---

① 王丽卿、赵凌飞：《大学生创业现状、问题及对策探究》，《人才资源开发》2019 年第 24 期，第 42 ~ 43 页。

② **自主创业集中的行业类比例**：自主创业人群中有多大比例毕业生在该行业类就业，分子是自主创业人群中在该行业类就业的毕业生人数，分母是毕业生自主创业的总人数。

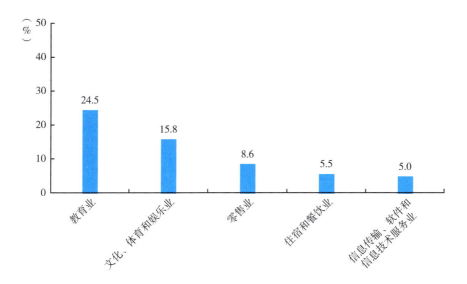

图 8 - 4　2019 届本科毕业生半年后自主创业最集中的前五位行业类

数据来源：麦可思 - 中国 2019 届大学毕业生培养质量跟踪评价。

二　自主创业月收入

自主创业人群月收入优势明显。从近五年本科生毕业后半年自主创业的月收入来看，自主创业人群月收入持续高于本科毕业生总体平均水平，在 2019 届月收入达到 6257 元，比本科毕业生平均水平（5440 元）高 817 元，薪资优势明显。同时在毕业后五年，创业人群的薪资优势进一步扩大，自主创业人群月收入达到 16328 元，比本科毕业生总体平均水平（9841 元）高出 6487 元（见图 8 - 5、图 8 - 6）。

三　自主创业动机

"创业为理想"是毕业生创业的主要驱动力。具体来看，2019 届本科毕业生因为理想选择自主创业的比例为 35％，另外有 21％ 的毕业生因为有好

图 8 - 5　2015 ~ 2019 届本科生毕业后半年自主创业的月收入

数据来源：麦可思 - 中国 2015 ~ 2019 届大学毕业生培养质量跟踪评价。

图 8 - 6　2014 届本科生毕业五年后自主创业的月收入
（与 2014 届毕业三年后、毕业半年后对比）

数据来源：麦可思 - 中国 2014 届大学毕业生五年后职业发展跟踪评价，2014 届大学毕业生三年后职业发展跟踪评价，2014 届大学毕业生培养质量跟踪评价。

的创业项目而选择自主创业。可以看出，绝大多数创业人群（82%）属于"机会型创业①"，"生存型创业"的人群占少数，只有7%（见图8-7）。

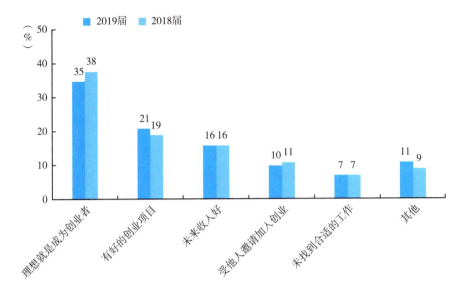

图8-7　2018届、2019届本科毕业生自主创业的动机分布

数据来源：麦可思-中国2018届、2019届大学毕业生培养质量跟踪评价。

---

① **机会型创业**指的是为了抓住和充分利用市场机会而进行的创业，**生存型创业**指的是创业者因找不到合适的工作而进行的创业。该理论由全球创业观察（Global Entrepreneurship Monitor）2001年报告首次提出。其中，机会型创业包括：理想就是成为创业者、有好的创业项目、受他人邀请加入创业、未来收入好；生存型创业包括：未找到合适的工作。

B.9
本科毕业生对学校的满意度分析

摘　要： 校友评价对高校改进教育教学、提升学生服务质量、优化学生在校体验具有重要参考作用。通过对校友满意度、学生工作与服务满意度的分析发现，毕业生对母校的满意度稳中有升，反映出大学生对高等教育的认可度进一步提升。同时，毕业生对母校教学的满意度持续上升，高校实习实践开展效果有所体现，本科教育教学持续优化。另外，毕业生对母校就业指导服务、学生工作及生活服务的满意度均呈现持续上升的趋势，高校服务育人工作效果持续改善，学生在校体验进一步优化。

关键词： 母校满意度　教学改进　求职服务　在校体验

一　对母校的总体满意度

毕业生对母校的满意度[①]稳中有升，反映出大学生对高等教育的认可度进一步提升。从近五年的数据来看，毕业生对母校的满意度从2015届的91%上升到2019届的94%，五年内上升了3个百分点。从不同院校

---

① **对母校的总体满意度：** 由毕业生回答对母校的总体满意度，选项有"很满意""满意""不满意""很不满意""无法评估"共五项。其中，"满意""很满意"属于满意的范围，"不满意""很不满意"属于不满意的范围。对母校的总体满意度是回答满意范围的人数占比，计算公式的分子是回答满意范围的人数，分母是回答不满意范围和满意范围的总人数。

类型来看，"双一流"院校毕业生对母校的满意度近五届保持稳定，地方本科院校毕业生对母校的满意度持续提升，从 2017 届开始与"双一流"院校的差距进一步缩小，在 2019 届追平"双一流"院校（见图 9 - 1、图 9 - 2）。

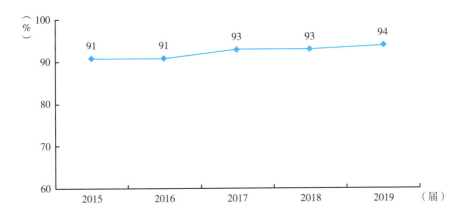

图 9 - 1　2015 ～ 2019 届本科毕业生对母校的总体满意度变化趋势

数据来源：麦可思 - 中国 2015 ～ 2019 届大学毕业生培养质量跟踪评价。

图 9 - 2　2015 ～ 2019 届各类本科院校毕业生对母校的总体满意度变化趋势

数据来源：麦可思 - 中国 2015 ～ 2019 届大学毕业生培养质量跟踪评价。

二 学生服务满意度

（一）教学满意度

教学满意度①持续上升，本科教育教学持续优化。从近五年的数据来看，毕业生对母校教学的满意度持续上升，2019届首次突破90%，达到91%。从不同院校类型来看，"双一流"院校、地方本科院校的教学满意度均表现出持续上升的趋势，且趋势变化曲线基本重合，2019届分别达到90%、91%（见图9-3、图9-4）。

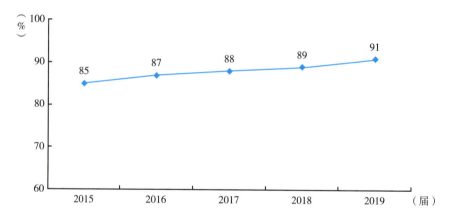

图9-3 2015~2019届本科毕业生对母校的教学满意度变化趋势

数据来源：麦可思－中国2015~2019届大学毕业生培养质量跟踪评价。

实习和实践的开展效果有所体现，但仍是本科教学工作重点改进的内容。从毕业生对母校教学的改进反馈来看，近三届毕业生认为实习和实践环节不够的比例在教学改进中始终排在首位。而从趋势变化来看，毕业生认为

---

① **教学满意度**：由毕业生回答对母校的教学满意度，选项有"很满意""满意""不满意""很不满意""无法评估"共五项。其中，"满意""很满意"属于满意的范围，"不满意""很不满意"属于不满意的范围。教学满意度是回答满意范围的人数占比，计算公式的分子是回答满意范围的人数，分母是回答不满意范围和满意范围的总人数。

图 9 – 4　2015～2019 届各类本科院校毕业生对母校的教学满意度变化趋势

数据来源：麦可思 – 中国 2015～2019 届大学毕业生培养质量跟踪评价。

实习和实践环节不够的比例持续下降，从 2017 届的 64％ 下降至 2019 届的 59％，实习和实践开展的成效有所体现（见图 9 – 5）。另外，调动学生学习兴趣和课程内容更新也是毕业生期待改进较多的方面，推动课堂教学改革以提高学生"抬头率"、课程内容根据产业升级迭代及时更新也是教学改进的关键内容。

（二）求职服务满意度

毕业生对母校就业指导服务的满意度[①]持续上升，就业指导工作开展效果持续增强。从近四年的数据来看，毕业生对母校就业指导服务的满意度由 2016 届的 76％ 上升至 2019 届的 83％，四年内上升 7 个白分点（见图 9 – 6）。就业指导服务工作的有效开展为毕业生顺利落实就业提供了坚实保障。

从不同院校类型来看，"双一流"院校、地方本科院校均表现出持续上

[①]　**就业指导服务满意度：**由毕业生回答对母校就业指导服务的满意度，选项有"很满意""满意""不满意""很不满意""无法评估"共五项。其中，"满意""很满意"属于满意的范围，"不满意""很不满意"属于不满意的范围。就业指导服务满意度是回答满意范围的人数占比，计算公式的分子是回答满意范围的人数，分母是回答不满意范围和满意范围的总人数。

图9-5 2017~2019届本科毕业生认为母校的教学需要改进的地方

数据来源：麦可思-中国2017~2019届大学毕业生培养质量跟踪评价。

升的趋势。相对于地方本科院校，"双一流"院校就业指导服务工作的开展得到毕业生的认可度更高。"双一流"院校、地方本科院校就业指导服务满意度在2019届分别为86%、82%（见图9-7）。

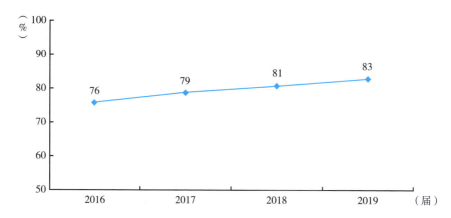

图9-6 2016~2019届本科毕业生对就业指导服务的满意度变化趋势

数据来源：麦可思-中国2016~2019届大学毕业生培养质量跟踪评价。

图 9 – 7　2016 ~ 2019 届各类本科院校毕业生对就业指导服务的满意度变化趋势

数据来源：麦可思 – 中国 2016 ~ 2019 届大学毕业生培养质量跟踪评价。

高校求职服务覆盖面较广，大学招聘会和职业发展规划辅导仍有优化空间。从学校开展的具体求职服务来看，超过八成（83%）毕业生接受过母校提供的求职服务。其中，参与较多的是"大学组织的招聘会"（55%）和"职业发展规划"服务（42%），但从有效性来看，毕业生反馈这两类求职服务的有效性（分别为 78%、72%）在各类求职服务中排名靠后，高校在开展求职服务的过程中，需同时兼顾"质"和"量"（见图 9 – 8）。

（三）学生工作满意度

毕业生对母校学生工作的满意度①持续上升，育人工作效果持续改善。从近五年的数据来看，毕业生对学生工作的满意度由 2015 届的 82% 上升到 2019 届的 88%，学生工作的开展效果进一步显现。从不同院校类型来看，"双一流"院校、地方本科院校毕业生对母校学生工作的满意度均表现出持

---

① **学生工作满意度：**由毕业生回答对母校的学生工作满意度，选项有"很满意""满意""不满意""很不满意""无法评估"共五项。其中，"满意""很满意"属于满意的范围，"不满意""很不满意"属于不满意的范围。学生工作满意度是回答满意范围的人数占比，计算公式的分子是回答满意范围的人数，分母是回答不满意范围和满意范围的总人数。

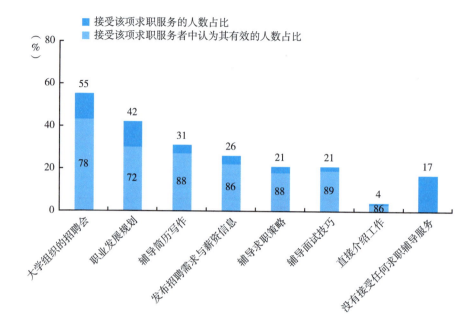

图9-8 2019届本科毕业生接受过求职服务的比例及有效性评价

数据来源：麦可思-中国2019届大学毕业生培养质量跟踪评价。

续上升的趋势，且趋势变化基本一致，在2019届均达到88%（见图9-9、图9-10）。

另外，在毕业生对母校学生工作的改进反馈中，与辅导员等接触时间太少、解决学生问题不及时和学生社团活动组织不够好是毕业生反馈母校学生工作中最需要改进的三大方面（见图9-11）。

（四）生活服务满意度

毕业生对母校生活服务的满意度①持续上升，后勤服务工作开展效果进

---

① **生活服务满意度：** 由毕业生回答对母校的生活服务满意度，选项有"很满意""满意""不满意""很不满意""无法评估"共五项。其中，"满意""很满意"属于满意的范围，"不满意""很不满意"属于不满意的范围。生活服务满意度是回答满意范围的人数占比，计算公式的分子是回答满意范围的人数，分母是回答不满意范围和满意范围的总人数。

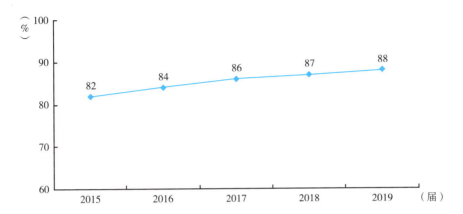

图9-9　2015～2019届本科毕业生对母校的学生工作满意度变化趋势

数据来源：麦可思-中国2015～2019届大学毕业生培养质量跟踪评价。

图9-10　2015～2019届各类本科院校毕业生对母校的学生工作满意度变化趋势

数据来源：麦可思-中国2015～2019届大学毕业生培养质量跟踪评价。

一步显现。从近五年的数据来看，毕业生对生活服务的满意度由2015届的85%上升到2019届的90%，五年之内上升了5个百分点。从不同院校类型来看，"双一流"院校、地方本科院校毕业生对母校生活服务的满意度均呈现稳步上升的趋势，两者之间无明显差异，在2019届均达到90%（见图9-12、图9-13）。

图 9-11 2017~2019 届本科毕业生认为母校的学生工作需要改进的地方

数据来源：麦可思-中国 2017~2019 届大学毕业生培养质量跟踪评价。

另外，在毕业生对母校生活服务的改进反馈中，学校医院或医务室服务、食堂饭菜质量及服务、学校洗浴服务、宿舍服务方面均有三成以上的毕业生期待进一步改进（见图 9-14）。

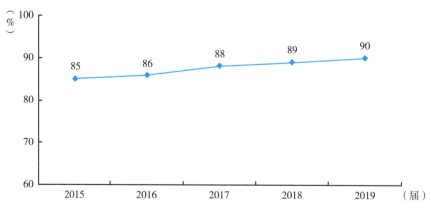

图 9-12 2015~2019 届本科毕业生对母校的生活服务满意度变化趋势

数据来源：麦可思-中国 2015~2019 届大学毕业生培养质量跟踪评价。

图 9 – 13　2015 ~ 2019 届各类本科院校毕业生对母校的生活服务满意度变化趋势

数据来源：麦可思 – 中国 2015 ~ 2019 届大学毕业生培养质量跟踪评价。

图 9 – 14　2017 ~ 2019 届本科毕业生认为母校的生活服务需要改进的地方

数据来源：麦可思 – 中国 2017 ~ 2019 届大学毕业生培养质量跟踪评价。

专题报告

Thematic Reports

B.10
本科贫困家庭毕业生就业分析

摘　要：　高等教育对实现脱贫攻坚的作用明显。本专题通过分析贫困
　　　　　地区农村家庭的本科毕业生的院校背景、就业质量以及对贫
　　　　　困地区的服务贡献，发现地方本科院校吸纳的贫困地区农村
　　　　　生源较多，是保障其获得本科教育机会的主体；贫困地区农
　　　　　村家庭本科毕业生脱贫效果显著，其收入阻断了贫穷代际传
　　　　　递，帮助了家庭脱贫；较多毕业生留在当地就业以反哺家乡
　　　　　发展，为贫困地区基础教育、政府管理、医疗等领域的发展
　　　　　提供了人才支撑。

关键词：　贫困地区农村生源　高等教育扶贫　脱贫成效

2020 年是国家脱贫攻坚的决战决胜之年。作为脱贫攻坚的重要举措，
教育扶贫对于提高贫困人口文化素质、阻断贫困代际传递的意义重大。高等

教育在教育扶贫当中的作用不可替代：一方面，贫困地区农村家庭的孩子通过接受高等教育掌握了相应的专业知识和能力，从而实现更高质量的就业，并带动全家脱贫，阻断贫穷的代际传递；另一方面，这些家庭的毕业生在家乡就业，为贫困地区社会和经济发展提供了人才支撑。本专题将从贫困地区农村生源①受教育机会、毕业生脱贫成效、对贫困地区的服务贡献三个方面入手，分析本科教育对脱贫攻坚的实际作用和效果，从而为本科教育助力贫困地区实现稳定脱贫和可持续发展提供参考。

一 贫困地区农村生源受教育机会

（一）地方本科院校为贫困地区农村生源提供了更多的教育机会

接受高等教育是贫困地区农村生源实现向上流动的重要途径。其中，地方本科院校②吸纳的贫困地区农村生源较多，为贫困地区农村生源提供了接受高等教育的机会。从不同类型院校近三届毕业生中贫困地区农村生源的占比来看，地方本科院校毕业生中来自贫困地区的农村生源比例为9.5%，高于"双一流"院校（6.1%）（见图10-1）。

（二）贫困地区农村生源就读院校和专业体现了当地人才需求特点

贫困地区农村生源就读于为贫困地区培养所需人才的特色院校和专业，这样的人才培养体系能为脱贫打下百年树人的根基。

从不同类型的地方本科院校来看，贫困地区农村生源在毕业生中所占比例较大的主要是民族院校、师范院校、工科院校、医药院校、农林院校。具

---

① **贫困地区**：国务院扶贫开发领导小组办公室公布的集中连片特困地区和片区外的国家扶贫开发工作重点县（共832个县）。
　贫困地区农村生源：指来自贫困地区农民与农民工家庭的毕业生。
　其他生源：指除贫困地区农民与农民工家庭以外的所有毕业生。
② 地方本科院校是除了"双一流"院校以外的其他本科院校。

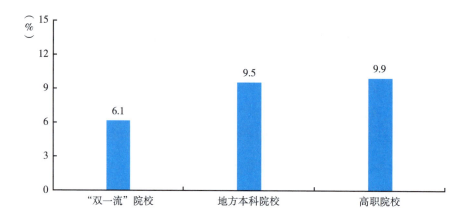

图10-1 2017～2019届不同院校类型贫困地区农村生源占比

数据来源：麦可思－中国2017～2019届大学毕业生培养质量跟踪评价。

体来看，2017～2019届民族院校毕业生中贫困地区农村生源的比例为24%，在各类型院校中最高；其后依次是师范院校（12%）、工科院校（10%）、医药院校（9%）、农林院校（9%）（见图10-2）。

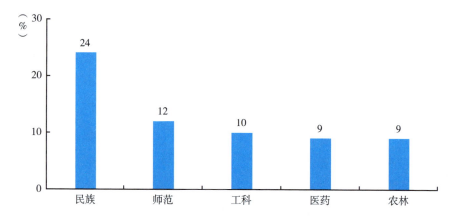

图10-2 2017～2019届贫困地区农村生源占比较高的地方本科院校类型

数据来源：麦可思－中国2017～2019届大学毕业生培养质量跟踪评价。

从所学专业的学科门类来看，理学、农学、教育学、工学学科中贫困地区农村生源的占比相对较高。具体来看，2017～2019届理学毕业生中贫困地区农村生源的比例为 12%，在各学科门类中最高；其后依次是农学（11%）、教育学（11%）、工学（10%）（见图 10−3）。

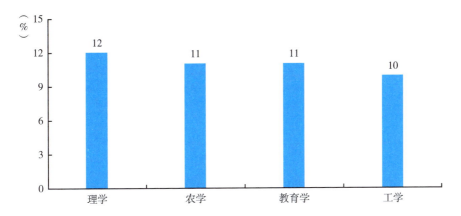

图 10−3　2017～2019 届贫困地区农村生源占比较高的学科门类

数据来源：麦可思−中国 2017～2019 届大学毕业生培养质量跟踪评价。

（三）贫困地区农村生源对高等教育的满意度持续提升

贫困地区农村家庭的毕业生对母校的满意度是其在校学习生活经历的综合体现，能从学生角度反映地方本科院校人才培养工作的成效，较高的满意度能让更多的贫困家庭孩子乐意接受教育，形成教育扶贫的良性循环。

地方本科院校贫困地区农村家庭毕业生对所受教育的满意度持续走高，近五届毕业生对母校的满意度从 2015 届的 92% 上升到了 2019 届的 95%，且整体高于其他生源毕业生（90%～94%）（见图 10−4）。良好的培养成效为贫困地区农村家庭毕业生实现脱贫与发展奠定了坚实基础。

二　贫困地区农村家庭毕业生的教育脱贫成效显著

贫困地区农村家庭毕业生收入高、实现"一人读书、全家脱贫"。收入是毕业生通过高等教育获得回报的直接体现。贫困地区农村家庭本科毕业生

图 10 – 4　2015～2019 届地方本科院校贫困地区农村家庭毕业生
对母校的总体满意度变化趋势

数据来源：麦可思 – 中国 2015～2019 届大学毕业生培养质量跟踪评价。

的收入上得去，较高收入阻断了贫穷家庭的代际传递，实现了"一人读书，全家脱贫"，并为贫困村庄起到教育脱贫的示范作用，使得贫穷家庭更重视孩子教育，有助于减少基础教育辍学率高这一突出问题。2019 年，地方本科院校贫困地区农村家庭毕业生的应届月收入为 5062 元，工作三年后的月收入为 7394 元，工作五年后的月收入为 8864 元，分别是贫困地区农村居民月均可支配收入（964 元）的 5.3 倍、7.7 倍、9.2 倍，分别是全国农民工月均收入（3962 元）的 1.3 倍、1.9 倍、2.2 倍，高等教育脱贫效果显著（见图 10 – 5、图 10 – 6）。

三　对贫困地区的人才贡献

（一）地方本科院校贫困地区的农村家庭毕业生在家乡的就业比例高，是人才吸引力弱的贫困地区不可替代的人才供应生命线

地方本科院校贫困地区农村家庭毕业生对贫困地区的应用型人才支撑作用较大。在实现个人与家庭脱贫的同时，贫困地区的农村家庭毕业生在家乡

图 10 – 5　2015～2019 届地方本科院校贫困地区农村家庭
毕业生半年后的月收入变化趋势

数据来源：麦可思 – 中国 2015～2019 届大学毕业生培养质量跟踪评价；国家统计局住户调查办公室编《中国农村贫困监测报告 2019》；国家统计局相应年份的《中华人民共和国国民经济和社会发展统计公报》。

图 10 – 6　2019 年地方本科院校贫困地区农村家庭毕业生毕业后中期的月收入

数据来源：麦可思 – 中国 2014 届大学毕业生五年后、2016 届大学毕业生三年后职业发展跟踪评价；国家统计局住户调查办公室编《中国农村贫困监测报告 2019》；国家统计局相应年份的《中华人民共和国国民经济和社会发展统计公报》。

的就业比例高，是人才吸引力弱的贫困地区不可替代的人才生命线。2019届地方本科院校贫困地区农村家庭毕业生在贫困地区就业的比例高达23.8%，是其他毕业生在贫困地区就业比例（4.5%）的5.3倍，体现了贫困地区农村家庭本科毕业生"留得住"的特点。贫困地区农村家庭本科毕业生在贫困地区就业呈现稳中有升趋势，在贫困地区就业的比例从2015届的22.7%上升到了2019届的23.8%，这为贫困地区社会和经济的可持续发展奠定了人才基础（见图10-7）。

图10-7 2015~2019届地方本科院校贫困地区农村家庭毕业生在贫困地区的就业比例

数据来源：麦可思-中国2015~2019届大学毕业生培养质量跟踪评价。

（二）贫困地区农村家庭毕业生就业领域主要为当地急需人才的基础行业如教育、政府管理和医疗

地方本科院校贫困地区农村家庭毕业生对家乡人才支撑较为集中的领域主要为教育业（2019届39.3%），其后为政府及公共管理（2019届15.2%）、医疗和社会护理服务业（2019届10.7%）。其中，在教育机构任职的主要集中在贫困地区较为薄弱的中小学教育机构，这为全面改善贫困地区义务教育薄弱学校基本办学条件提供了师资保障；在医疗机构任职的三成以上去了基层医疗/公共卫生服务机构，如社区门诊、乡村卫生院和疾病预

防控制中心等，这对于贫困地区公共卫生系统的建设至关重要。

从近五届的趋势变化来看，贫困地区农村家庭毕业生在贫困地区中小学教育机构的就业比例较高且增长明显，2019届达到32.0%，较2015届（26.9%）上升了5.1个百分点；在医疗和社会护理服务业就业的比例上升了0.8个百分点（见表10-1）。

表10-1　2015~2019届地方本科院校贫困地区农村家庭
毕业生在贫困地区就业的主要行业

单位：%

行业名称	2015届	2016届	2017届	2018届	2019届
教育业	34.8	35.8	37.7	38.4	39.3
其中：中小学教育机构	26.9	27.8	30.0	31.2	32.0
政府及公共管理	17.3	17.6	17.5	16.6	15.2
医疗和社会护理服务业	9.9	10.4	9.1	8.9	10.7
其中：医院	5.6	5.8	5.2	5.0	6.7
基层医疗/公共卫生服务机构	3.4	3.9	3.5	3.2	3.5

数据来源：麦可思-中国2015~2019届大学毕业生培养质量跟踪评价。

参考文献

国家统计局住户调查办公室编《中国农村贫困监测报告2019》，中国统计出版社，2019。

李兴洲、邢贞良：《攻坚阶段我国教育扶贫的理论与实践创新》，《教育与经济》2018年第1期。

B.11
本科医学专业毕业生从医分析

摘　要： 健康中国建设对医学人才培养提出了新的、更高的要求，
2020 年的新冠肺炎抗疫工作也对国家的公共卫生系统及其
人才支撑提出了更高的要求。医学人才培养将影响国家的
安全和发展。分析医学人才培养在当下极具迫切性和重要
性。本专题通过分析本科医学专业毕业生的从医情况以及
医学专业的培养质量，发现本科医学专业毕业生整体从医
比例逐年上升、对二线三线城市及基层的医疗卫生单位服
务贡献度较大，其中护理类专业对基层医疗卫生单位以及
经济后发地区医疗卫生单位的服务贡献仍有提升空间；同
时公共卫生类专业从医比例偏低且呈下降趋势，当前公共
卫生人才培养体系对培养复合型、应急性、实用性公共卫
生管理人才的支撑力度仍不够，专业培养环节需持续改进
和完善。

关键词： 健康中国　医学专业　医学人才

健康是促进人的全面发展的必然要求，是经济社会发展的基础条件。在
全面建成小康社会的重要时刻，健康中国建设稳步推进，卫生与健康事业取
得了长足发展。健康人力资源建设是卫生与健康事业发展的根本支撑与保
障，完善医学人才培养是加强健康人力资源建设的关键举措。近年来，我国
本科医学毕业生规模持续扩大，教育部统计数据显示，2015 年全国本科医
学学科门类毕业生有 22.4 万人，到 2018 年上升至 26.3 万人，增长幅度达

17.4%，为增长较快的学科，这为卫生与健康事业的发展提供了重要的人才支撑。与此同时，健康中国建设的深入对医学人才培养提出了新的、更高的要求，2020 年的新冠肺炎抗疫工作也对国家的公共卫生系统及其人才支撑提出了更高的要求。因此，医学人才培养需持续改进以适应国家发展卫生与健康事业、应对重大突发公共卫生事件的需要。本专题将从医学专业①毕业生的从医情况入手，呈现毕业生对不同医学机构、岗位的服务贡献情况以及对专业培养过程的反馈，分析医学专业培养环节可能存在的不足，从而为人才培养的持续改进提供参考。

一 本科医学专业毕业生从医比例持续上升

随着国家卫生与健康事业的不断发展，本科医学专业毕业生对相关领域的服务贡献持续加大。数据显示，近年来本科医学专业毕业生的从医比例②持续上升，从 2015 届的 87.4% 上升到了 2019 届的 91.5%（AAMC 2019 年美国医学院毕业生评价反馈有九成以上愿意从医），近五年上升了 4.1 个百分点（见图 11 - 1）。

从不同医学专业来看，毕业生的从医选择有所差异。其中，2019 届本科临床类为 96.8%、护理类为 91.9%、医学技术类为 91.3%，五年内变化不大；药学类从事专业相关工作比例为 81.6%，没有明显上升；公共卫生类专业毕业生从医比例较低，约 80%，且呈现下降趋势，从事与专业无关工作的毕业生主要在政府及公共管理机构做行政人员，值得引起注意（见表 11 - 1）。

---

① 本专题分析的医学专业包括：临床类（含中医学）、护理类、医学技术类、药学类（含中药学）、公共卫生类。

② **从医比例**指毕业生在医疗相关行业就业的比例，其中医疗相关行业包括：医院、基层医疗/专业公共卫生服务机构、康复/养老/健康/护理服务机构、医药及设备制造业。

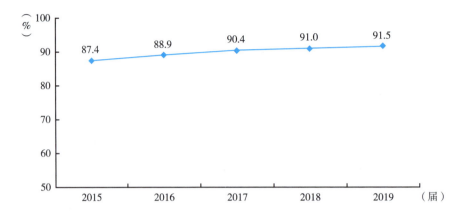

图 11 –1　2015～2019 届本科医学专业毕业生从医比例的变化趋势

数据来源：麦可思－中国 2015～2019 届大学毕业生培养质量跟踪评价。

表 11 –1　2015～2019 届本科各类医学专业毕业生从医比例的变化趋势

单位：%

本科医学专业类名称	2015 届	2016 届	2017 届	2018 届	2019 届
临床类	92.9	94.8	96.2	95.7	96.8
护理类	90.4	91.8	92.2	91.5	91.9
医学技术类	90.6	89.1	92.6	89.8	91.3
药学类	79.2	79.8	81.5	81.8	81.6
公共卫生类	82.9	80.9	81.0	80.0	79.8

数据来源：麦可思－中国 2015～2019 届大学毕业生培养质量跟踪评价。

　　不同类型医学专业毕业生从医的机构、就业质量存在较大差异，以下以规模较大的临床类、护理类为主展开各类医学专业的分析，了解差异化特点，从而为人才培养的持续改进提供更有针对性的参考依据。

二　本科临床类专业毕业生从医分析

（一）本科临床类专业从医毕业生主要去向机构为医院、职业为医师

　　本科临床类专业从医比例、从事医师岗位的比例近五年持续上升，从医

比例从 2015 届的 92.9% 上升到 2019 届的 96.8%，从事医师岗位的比例从 2015 届的 79.4% 上升到 2019 届的 81.7%（见图 11-2）。传统的医院和基层医疗/专业公共卫生服务机构是本科临床类专业从医毕业生的主要去向，两者合计吸纳了九成以上的从医毕业生（2019 届 93.3%）。随着健康产业的发展以及人口老龄化加速，本科临床类专业从医毕业生在康复/养老/健康/护理服务机构的占比有所提升（从 2015 届的 3.3% 上升到了 2019 届的 5.3%）（见表 11-2）。

图 11-2　2015～2019 届本科临床类专业毕业生从医比例的变化趋势

数据来源：麦可思-中国 2015～2019 届大学毕业生培养质量跟踪评价。

表 11-2　2015～2019 届本科临床类专业从医毕业生在各医学机构的分布

单位：%

医学机构	2015 届	2016 届	2017 届	2018 届	2019 届
医院	67.3	65.6	63.6	63.1	62.9
基层医疗/专业公共卫生服务机构	27.6	28.4	29.6	30.3	30.4
康复/养老/健康/护理服务机构	3.3	4.4	5.5	5.2	5.3
医药及设备制造业	1.8	1.6	1.3	1.4	1.4

数据来源：麦可思-中国 2015～2019 届大学毕业生培养质量跟踪评价。

本科临床类专业从医毕业生六成以上在三级甲等以下的普通医院服务。数据显示，2019届本科临床类专业从医毕业生服务的医院等级60.8%为三甲以下的医院（见图11-3）。从就业所在地区来看，毕业生在中西部地区从医比例持续上升，从2015届的45.5%上升到了2019届的50.3%。毕业生就业重心的下沉，对逐步缩小地区间基本健康服务和健康水平的差距具有重要意义，促进了老龄化、社区化、均衡化卫生健康体系的建设与完善。

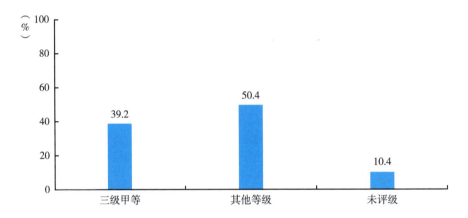

图11-3 2019届本科临床类专业从医毕业生就业医院等级分布

数据来源：麦可思-中国2019届大学毕业生培养质量跟踪评价。

（二）本科临床类专业从医毕业生的就业质量

薪资水平能在一定程度上反映从医毕业生的发展状况。本科临床类专业毕业生从医的岗位主要是医师，从医师岗位整体来看，本科医师岗位的初始薪资水平近五年持续提升，随着工作时间的推移，增长潜力较大。数据显示，本科医师岗位的应届月收入从2015届的3301元提升到2019届的4730元（见图11-4），工作三年的月收入从2017年的6229元提升到2019年的6812元（见图11-5），工作五年（2014届）的月收入为8795元。

就业满意度反映了毕业生主观层面对自身就业与发展状况的感受，是毕业生培养质量的重要体现。本科医师岗位毕业生的就业满意度整体呈上升趋势，从2015届的66%上升到了2019届的70%，工作五年（2014届）的就

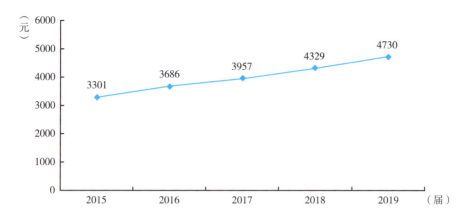

图 11 - 4   2015 ~ 2019 届本科医师岗位工作半年的月收入

数据来源：麦可思 – 中国 2015 ~ 2019 届大学毕业生培养质量跟踪评价。

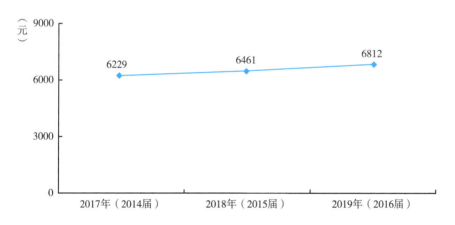

图 11 - 5   2014 ~ 2016 届本科医师岗位工作三年的月收入

数据来源：麦可思 – 中国 2014 ~ 2016 届大学毕业生三年后职业发展跟踪评价。

业满意度为 72%，与护士岗位相比偏低（工作半年 72%、工作五年 76%），与其他从医岗位相比在工作五年（74%）略低（见图 11 - 6），从业的幸福感差异主要与收入有关，随着卫生人员薪酬制度的改革和完善，医师的薪资水平仍有进一步提升的空间。

教学满意度是专业培养质量的综合体现。本科临床类专业从医毕业生对教

171

图 11 – 6　本科从医各类岗位工作半年、五年的就业满意度

数据来源：麦可思 – 中国 2019 届大学毕业生培养质量跟踪评价，2014 届大学毕业生五年后职业发展跟踪评价。

学的满意度稳中有升，从 2015 届的 89% 上升到了 2019 届的 92%，与其他医学专业相比略低（2019 届 93%）（见图 11 – 7）。毕业生对实习和课程考核的改进期待较高（2019 届临床类为 62%、34%，其他医学专业为 56%、22%）。此外，从毕业生主要职业素质的满足度来看，学习观念和宣传教育两项相对较低（分别为 82%、81%），其他医学专业分别为 87%、86%，需给予关注。

图 11 – 7　2015 ～ 2019 届本科临床类专业从医毕业生对母校的教学满意度

数据来源：麦可思 – 中国 2015 ～ 2019 届大学毕业生培养质量跟踪评价。

三 本科护理类专业毕业生从医分析

（一）本科护理类专业从医毕业生主要去向机构为三甲医院、职业为护士

本科护理类专业从医比例在九成以上（2019届为91.9%），从事护士岗位的比例2019届为85.4%（见图11-8）。医院是本科护理类专业从医毕业生的主要去向，吸纳了七成以上的从医毕业生（2019届70.5%），其后是基层医疗/专业公共卫生服务机构（2019届15.7%）、康复/养老/健康/护理服务机构（2019届12.1%）（见表11-3）；本科护理类专业从医毕业生任职于三甲医院的比例超过八成（2019届81.6%）；另外，从就业区域分布来看，2019届本科护理类专业从医毕业生在东部、中部地区就业的比例（分别为56.6%、27.0%）较高。

本科护理类专业从医多在大城市好医院，而高职护理类专业从医更多沉入基层医院和地区（2019届地级及以下城市就业比例73%）。为更好地促进卫生健康体系的均衡化建设与发展，本科护理类专业对基层医疗卫生单位以及经济后发地区医疗卫生单位的服务贡献有待进一步提升。

图11-8　2015~2019届本科护理类专业毕业生从医比例的变化趋势

数据来源：麦可思-中国2015~2019届大学毕业生培养质量跟踪评价。

表11-3　2015～2019届本科护理类专业从医毕业生在各医学机构的分布

单位：%

医学机构	2015届	2016届	2017届	2018届	2019届
医院	70.0	71.4	71.4	70.1	70.5
基层医疗/专业公共卫生服务机构	16.4	15.2	15.5	15.6	15.7
康复/养老/健康/护理服务机构	11.5	11.8	11.5	12.7	12.1
医药及设备制造业	2.1	1.6	1.6	1.6	1.7

数据来源：麦可思－中国2015～2019届大学毕业生培养质量跟踪评价。

在2020年2月29日举行的国务院联防联控机制发布会上，国家卫健委医政医管局监察专员郭燕红介绍，全国派出抗疫精锐医疗力量达到4.2万人，其中护士为2.86万人，占医疗队总人数68%，在患者医疗救治中发挥重要作用[①]。世界卫生组织总干事谭德塞为纪念世界卫生日发表感言称："对任何国家和地区的医疗体系而言，护理人员都是当之无愧的骨干力量。"并指出目前全球护士仍有590万的缺口[②]。在抗击疫情的过程中，护士短缺的现象引起了多方关注和重视。相关院校可以此为契机审视护理类专业办学及人才培养情况，积极开展护理类专业供给侧改革，从而更好地助力国家护士队伍建设。值得注意的是，当前护理类专业毕业生中，农村生源占比较高（2019届55%，明显高于全国本科平均水平42%），且从医意愿更强（见图11-9）。因此，未来护理类专业招生可考虑进一步向经济后发地区的农村生源倾斜，并引导和鼓励毕业生留在当地就业。

（二）本科护理类专业毕业生从医的就业质量

本科护理类专业毕业生从医的岗位主要是护士，从护士岗位整体来看，本科护士岗位毕业生的初始薪资水平较高，近五年持续提升。数据显示，本科护士岗位的应届月收入从2015届的3579元提升到2019届的5264元（见图

---

① 《国家卫健委：支援抗疫一线医务人员中护士占比68%》，人民网，2020年2月29日。
② 《抗疫一线护士成世界卫生日主角 世卫：全球仍缺600万》，参考消息网，2020年4月8日。

图 11-9 2015~2019 届本科护理类专业农村生源毕业生从医比例变化趋势

数据来源：麦可思-中国 2015~2019 届大学毕业生培养质量跟踪评价。

11-10），工作三年的月收入从 2017 年的 6869 元提升到 2019 年的 7587 元
（见图 11-11），工作五年（2014 届）的月收入为 8906 元。如前所述，本科从
事护士岗位的毕业生在三甲医院、东部地区就业的比例较高，这是其初始薪资
相对较高的原因。本科护士岗位毕业生的从业幸福感高，毕业生工作半年（2019
届）的就业满意度 72%、工作五年（2014 届）的就业满意度为 76%。

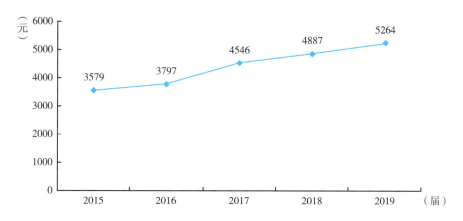

图 11-10 2015~2019 届本科护士岗位工作半年的月收入

数据来源：麦可思-中国 2015~2019 届大学毕业生培养质量跟踪评价。

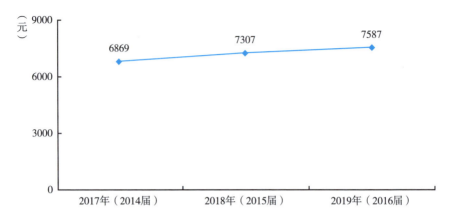

图 11 – 11　2014～2016 届本科护士岗位工作三年的月收入

数据来源：麦可思 – 中国 2014～2016 届大学毕业生三年后职业发展跟踪评价。

　　本科护理类专业从医毕业生对母校的教学满意度较高，近五年持续保持在 95％，高于其他医学专业（2019 届 92％）（见图 11 – 12）。培养过程中仍需关注的是毕业生宣传教育类职业素质的达成效果。"预防为主、防治结合"是推进健康中国建设的重要原则，这离不开向全民普及健康生活的观念和方式，因此医护工作者需能够向病人和公众进行健康生活方式、疾病预防等方面知识的宣传教育。

图 11 –12　2015～2019 届本科护理类专业从医毕业生对母校的教学满意度

数据来源：麦可思 – 中国 2015～2019 届大学毕业生培养质量跟踪评价。

四 本科其他医学类专业毕业生从医分析

（一）本科医学技术类专业从医毕业生在健康服务新业态的就业比例持续上升

随着健康产业的发展以及人口老龄化加速，健康服务的新业态、新模式不断被催生，康复养老、医养结合、社区和家庭护理等模式持续涌现并快速发展，本科医学技术类专业从医毕业生在康复/养老/健康/护理服务机构就业的比例与其他医学类专业相比较高且逐年上升（从 2015 届的 15.1% 上升到了 2019 届的 16.6%）。本科医学技术类专业毕业生在各医学机构中从事的岗位主要是医学技术人员（2019 届 84.6%）。

（二）本科药学类专业从医毕业生在医药及设备制造业的就业比例持续上升

人民对健康的日益重视、对药品和医疗设备的需求不断增加，加上研发和生产技术持续进步，促进了医药产业的发展，药品、医疗器械制造领域转型升级加快，本科药学类专业从医毕业生在医药及设备制造业就业的比例持续上升（从 2015 届的 40.6% 上升到了 2019 届的 46.2%）。本科药学类专业毕业生在各医学机构中从事的岗位主要是药学技术人员（2019 届 32.0%），其次是销售人员（2019 届 16.9%）。

（三）本科公共卫生类专业培养需给予重点关注

在其他医学专业毕业生从医比例普遍呈上升趋势的情况下，本科公共卫生类专业毕业生从医比例从 2015 届的 82.9% 下降到了 2019 届的 79.8%。相关研究显示[1]，当前公共卫生类人才队伍建设问题突出，公共卫生机构尤

---

[1]　余兴安主编《中国企业人力资源发展报告（2019）》，社会科学文献出版社，2019。

其是疾控中心等单位人员流失较为严重。随着健康中国建设的持续推进，公共卫生类人才的社会需求不断增加，且新冠肺炎疫情的发生进一步加大了国家和社会对复合型、应急性、实用性公共卫生管理人才的需求。在多方呼吁加大公共卫生投入、加快疾控体制改革、遏制人才流失的同时，构建支撑国家公共卫生应急管理体系的公共卫生人才培养体系也已成为当前公共卫生教育的当务之急。

本科公共卫生类专业毕业生较易因发展空间问题对就业现状不满。具体来看，公共卫生类专业从医毕业生的就业满意度（2019届68%、工作五年70%）最低，毕业生因发展空间不够而对就业现状不满的比例（2019届73%）明显高于医学专业平均水平（2019届53%）（见图11-13），对其培养环节以及毕业生的就业与发展状况需持续关注。

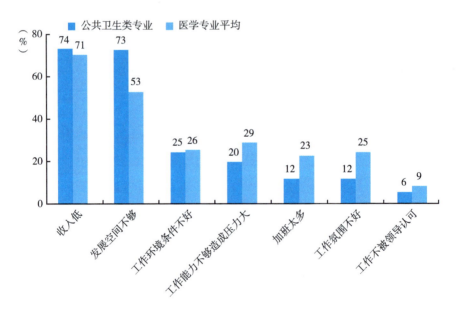

图11-13 2019届本科公共卫生类专业从医毕业生对就业现状不满意的原因

数据来源：麦可思-中国2019届大学毕业生培养质量跟踪评价。

此外，本科公共卫生类专业毕业生的教学满意度（2019届91%）也相对较低。值得注意的是，公共卫生管理涉及经济、社会学、公共管理等多学科的交叉，对人才培养"复合型"的要求较高，但从毕业生的跨学科学习经历来看，本科公共卫生类专业毕业生对跨学科学习经历的满意度（64%）低于其他医学专业，可见其专业培养的不足仍较为突出，需要重点改进和完善。

参考文献

余兴安主编《中国企业人力资源发展报告（2019）》，社会科学文献出版社，2019。

汪玲：《论健康中国建设对医学人才培养的新要求》，《中国大学教学》2017年第2期。

张馨月：《新冠肺炎疫情背景下中国公共卫生教育政策探讨》，《医学教育研究与实践》2020年第2期。

B.12
本科工科认证专业培养分析

摘　要： 工程教育认证标准是工科专业建设和人才培养持续改进的重要参照。本专题基于已通过工程教育认证的工科专业与未认证专业的对比，分析专业认证对工科专业培养以及毕业生就业与发展的影响，发现通过认证的专业在培养目标和毕业要求达成效果上更为明显，课程与教学对培养目标和毕业要求达成的支撑更为有力，毕业生就业竞争力更强且发展潜力更大。工程教育认证推动专业内涵建设成效显著。

关键词： 工程教育　专业认证

中国拥有世界上规模最大的高等工程教育，近年来工科专业每年输送毕业生超过120万人，是国家实现产业转型升级与创新发展的重要支撑。如何培养适应社会和产业发展需要的工科专业人才，一直是备受教育界和产业界关注的话题。自2016年中国成为《华盛顿协议》正式成员国以来，越来越多的工科专业开始按照"学生中心、产出导向、持续改进"的理念进行专业建设和人才培养，并对照《华盛顿协议》和中国工程教育认证标准完善自身培养目标、课程体系等内容，以促进人才培养质量的全面提升。工程教育认证在专业内涵建设方面具有显著的推动作用。本专题将对比已通过认证的工科专业①与同类未认证专业在培养目

---

① **已通过认证的工科专业**指截至2018年底全国227所高等学校通过工程教育专业认证的1170个工科专业，与未参与认证以及参与但未通过认证的同专业（统称**未认证专业**）进行对比。另外在专业类层面，本专题结合数据样本情况选取了通过认证的专业所属数量较多的9个工科专业类，即机械类、材料类、计算机类、土木类、化工与制药类、电子信息类、电气类、自动化类、仪器类，与同专业类的未认证专业进行对比。

标与毕业要求达成、毕业生职业发展、课程与教学反馈等方面的差异，分析呈现专业认证对工科专业培养以及毕业生就业与发展的影响，为工科专业培养环节的持续改进提供参考。

一 培养目标达成

（一）工作与专业相关度

工程教育认证标准强调专业培养目标要适应社会经济发展需要。与认证标准的对照有助于高校进一步明确自身人才培养定位，并基于相关产业和领域对专业人才的需求合理修订专业培养目标。

毕业生在毕业五年后从事专业相关工作的比例是培养目标达成效果的重要体现。从 2014 届本科毕业生五年后的工作与专业相关度来看，通过认证的专业在培养目标达成效果上更为突出。具体来看，通过认证专业毕业生五年后的工作与专业相关度为 67%，高于未认证专业（63%）（见图12 - 1）。

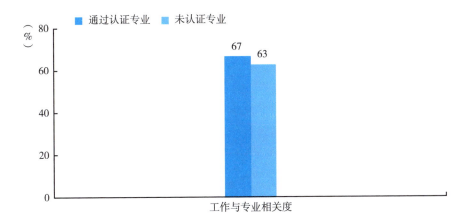

图 12 - 1　2014 届本科工科认证专业毕业生五年后的工作与专业相关度

数据来源：麦可思 - 中国 2014 届大学毕业生五年后职业发展跟踪评价。

从主要专业类来看，通过认证专业类毕业生五年后的工作与专业相关度均高于同类未认证专业。其中，通过认证的计算机类、电子信息类、仪器类专业培养目标达成效果优势更为明显，其毕业生五年后（2014届）的工作与专业相关度（分别为83%、66%、62%）比同类未认证专业毕业生（分别为75%、57%、53%）分别高出8个、9个、9个百分点（见图12-2）。

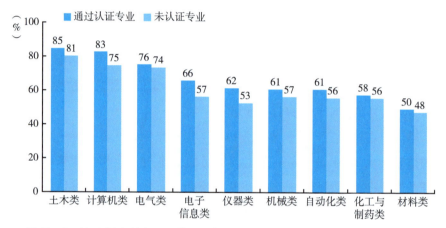

图12-2　2014届本科主要工科认证专业类毕业生五年后的工作与专业相关度

注：部分工科专业类因为样本较少，没有包括在内。

数据来源：麦可思－中国2014届大学毕业生五年后职业发展跟踪评价。

（二）行业和职业的相关度较高

毕业生毕业五年后在相关行业领域及岗位的从业比例也是培养目标达成效果的重要体现，能反映专业培养目标和相关领域需求之间的匹配程度。在主要工科专业类中，通过认证专业毕业生五年后（2014届）在相关行业、职业的从业比例总体上高于同类未认证专业毕业生（见表12-1、表12-2），其培养目标更好地适应了相关领域的发展需要。

以机械类专业为例，通过认证专业毕业生五年后在制造相关领域就业的比例更高，就业于机械设备制造业、交通运输设备制造业、电子电气设备制造业的比例（分别为22.3%、14.4%、12.7%）均高于同类未认证专业毕业生（分别为 21.3% 、12.6% 、9.1% ）；与此同时，毕业生从事工程技术相关岗位的比例也更高，从事机械/仪器仪表技术、机动车机械/电子技术岗位的比例（分别为 28.7% 、14.0% ）均高于同类未认证专业毕业生（分别为 24.0% 、10.8% ）。

表 12 – 1　2014 届本科主要工科认证专业类毕业生五年后相关行业从业比例

单位：%

本科专业类名称	该专业类主要就业的行业类名称	通过认证专业	未认证专业
电子信息类	电子电气设备制造业（含计算机、通信、家电等）	35.2	25.8
	信息传输、软件和信息技术服务业	29.3	25.4
仪器类	电子电气设备制造业（含计算机、通信、家电等）	33.7	25.5
	信息传输、软件和信息技术服务业	14.7	15.1
	交通运输设备制造业	7.4	3.8
自动化类	信息传输、软件和信息技术服务业	24.4	12.9
	电子电气设备制造业（含计算机、通信、家电等）	16.3	20.2
	电力、热力、燃气及水生产和供应业	9.3	5.6
计算机类	信息传输、软件和信息技术服务业	39.2	36.9
	电子电气设备制造业（含计算机、通信、家电等）	15.1	8.2
	金融业	9.9	9.1
土木类	建筑业	62.7	58.3
	房地产开发及租赁业	11.6	7.3
	各类专业设计与咨询服务业	5.2	4.2
电气类	电力、热力、燃气及水生产和供应业	42.3	29.8
	电子电气设备制造业（含计算机、通信、家电等）	15.3	18.4
机械类	机械设备制造业	22.3	21.3
	交通运输设备制造业	14.4	12.6
	电子电气设备制造业（含计算机、通信、家电等）	12.7	9.1
材料类	电子电气设备制造业（含计算机、通信、家电等）	15.9	10.9
	建筑业	9.7	5.8
	化学品、化工、塑胶制造业	8.8	12.2
化工与制药类	化学品、化工、塑胶制造业	19.0	18.7
	医药及设备制造业	12.4	19.9

注：部分工科专业类因为样本较少，没有包括在内。

数据来源：麦可思 – 中国 2014 届大学毕业生五年后职业发展跟踪评价。

表12-2　2014届本科主要工科认证专业类毕业生五年后相关职业从业比例

单位：%

本科专业类名称	该专业类主要从事职业类名称	通过认证专业	未认证专业
计算机类	计算机与数据处理	44.0	37.5
	互联网开发及应用	33.2	28.2
电子信息类	电气/电子(不包括计算机)	29.3	20.1
	计算机与数据处理	24.0	21.0
	互联网开发及应用	16.9	17.5
仪器类	电气/电子(不包括计算机)	21.1	13.1
	计算机与数据处理	16.8	15.9
	互联网开发及应用	12.6	8.4
机械类	机械/仪器仪表	28.7	24.0
	机动车机械/电子	14.0	10.8
材料类	电气/电子(不包括计算机)	9.6	7.0
	建筑工程	8.7	5.0
	生产/运营	6.3	7.3
土木类	建筑工程	69.3	64.2
自动化类	计算机与数据处理	22.1	14.7
	电气/电子(不包括计算机)	14.0	23.5
	互联网开发及应用	14.0	8.8
电气类	电气/电子(不包括计算机)	33.3	33.1
	电力/能源	18.9	17.4
化工与制药类	生物/化工	23.0	21.9

注：部分工科专业类因为样本较少，没有包括在内。

数据来源：麦可思-中国2014届大学毕业生五年后职业发展跟踪评价。

(三)五年后职称级别

在专业相关领域的职称级别能反映毕业生毕业五年后的职业和专业成就，通过认证的专业毕业生获得相关职称的比例更高。2014届毕业五年后从事专业相关工作的毕业生中，通过认证专业毕业生获得中级职称（如工程师）的比例为49%，比未认证专业毕业生（46%）高3个百分点（见图12-3）。

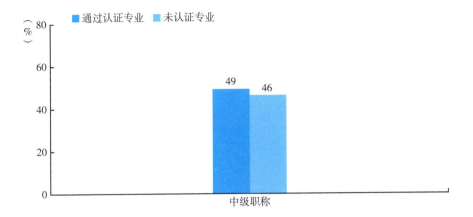

图 12 - 3　2014 届本科工科认证专业从事专业相关工作的
毕业生五年后获得中级职称的比例

数据来源：麦可思 – 中国 2014 届大学毕业生五年后职业发展跟踪评价。

二　毕业要求达成

培养目标的达成离不开毕业要求的支撑。工程教育认证标准强调专业必须有明确、公开、可衡量的毕业要求。与认证标准的对照有助于高校进一步梳理和明确相关专业的毕业要求，从而为学生毕业要求的达成奠定良好基础。

基于 2019 年应届工科毕业生对包括工程知识、问题分析等在内的 12 项基本要求的掌握水平可以发现，通过认证专业的毕业生对 12 项基本要求的总体掌握水平更高，毕业要求达成效果更为明显。具体来看，通过认证专业毕业生在职业规范、工程知识、问题分析方面的达成效果相对突出，毕业生对职业规范、工程知识、问题分析这三项基本要求的掌握水平（分别为63%、56%、56%）均比未认证专业毕业生（分别为 61%、54%、54%）高 2 个百分点（见图 12 - 4）。因此，相关专业可进一步梳理主要职业和行业领域的职业道德和规范，并将其有效融入专业培养过程；同时有针对性地

强化学生运用相关知识技能分析、解决复杂工程问题的能力，从而更好地促进毕业生上述基本要求的达成。

图 12 – 4 2019 届本科工科认证专业毕业生 12 项毕业要求的掌握水平

数据来源：麦可思 – 中国 2019 届大学毕业生培养质量跟踪评价。

三 课程与教学反馈

（一）教学与课程评价

课程是达成毕业要求的基本单元，合理的课程设置与有效的教学过程开展将最终支持相应毕业要求的达成。基于工程教育认证标准梳理课程体系、推进教学改革，能促进专业培养效果的提升，从而使培养过程的各个环节有效支撑毕业要求的达成。

教学满意度是专业培养效果的综合体现。通过认证专业的整体培养效果更为明显。从 2019 年应届毕业生来看，通过认证专业的毕业生对母校的教学满意度为 93%，比未认证专业毕业生（90%）高 3 个百分点（见图 12 –5）；

其中，自动化类、电子信息类专业培养效果的差异较为明显，通过认证专业毕业生对母校的教学满意度（分别为94%、93%）比同类未认证专业毕业生（分别为90%、89%）均高4个百分点（见图12-6）。

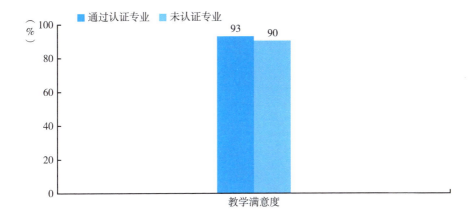

图12-5　2019届本科工科认证专业毕业生对母校的教学满意度

数据来源：麦可思-中国2019届大学毕业生培养质量跟踪评价。

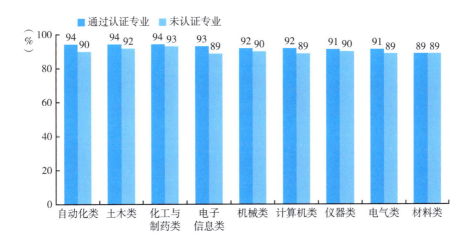

图12-6　2019届本科主要工科认证专业类毕业生对母校的教学满意度

注：部分工科专业类因为样本较少，没有包括在内。

数据来源：麦可思-中国2019届大学毕业生培养质量跟踪评价。

课程重要度与课程满足度分别反映了专业课程设置的合理性与授课效果。通过认证专业的整体授课效果更好。从2019年应届毕业生来看，通过认证专业毕业生评价课程的满足度为79%，比未认证专业毕业生（76%）高3个百分点（见图12-7）。

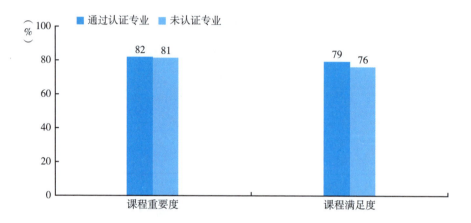

图12-7 2019届本科工科认证专业的课程重要度和满足度

数据来源：麦可思-中国2019届大学毕业生培养质量跟踪评价。

从主要专业类来看，电子信息类专业授课效果的差异最为明显，通过认证专业毕业生对课程的满足度评价为81%，比同类未认证专业毕业生（73%）高8个百分点（见图12-8）。相关院校和专业需进一步关注和提升课程体系建设效果，提升课程体系对培养目标达成的支撑度。

（二）实习实践环节评价

实习实践环节是工科专业培养的重要组成部分，是培养和提升学生运用相关知识技能分析、解决复杂工程问题能力的关键途径。通过认证专业的实习实践开展效果更为突出，其在校内工程实习、训练基地建设以及课程实验方面的优势相对明显（见图12-9、图12-10）。从2019年应届毕业生来看，通过认证专业毕业生认为"实习和实践环节不够"的比例为51%，比未认证专业毕业生（59%）低8个百分点；其中认为校内工程实习、训练

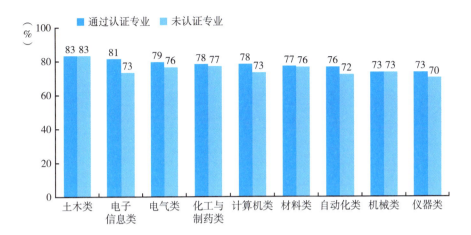

图 12－8　2019 届本科主要工科认证专业类的课程满足度

注：部分工科专业类因为样本较少，没有包括在内。

数据来源：麦可思－中国 2019 届大学毕业生培养质量跟踪评价。

基地建设以及课程实验方面需要加强的比例（分别为 52%、36%）明显低于未认证专业毕业生（分别为 62%、42%）。因此，相关院校和专业需进一步改善校内实验实践条件，从而使课程体系中确定的实验实践环节的实施得到更加充分的保障。

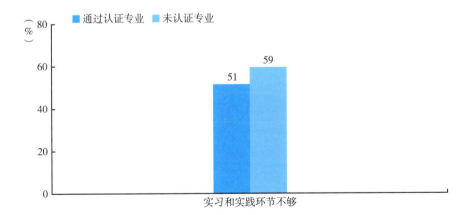

图 12－9　2019 届本科工科认证专业毕业生认为实习和实践环节不够的比例

数据来源：麦可思－中国 2019 届大学毕业生培养质量跟踪评价。

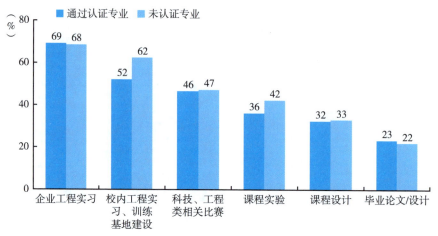

图 12 – 10　2019 届本科工科认证专业毕业生认为需要加强的实习实践环节

数据来源：麦可思－中国 2019 届大学毕业生培养质量跟踪评价。

　　从主要专业类来看，化工与制药类、电子信息类、材料类专业毕业生对实习实践环节的改进需求差异较为明显。具体来看，化工与制药类、电子信息类、材料类专业中，通过认证专业毕业生认为"实习和实践环节不够"的比例（分别为50%、48%、44%）明显低于同类未认证专业毕业生（分别为60%、58%、60%）（见表 12 – 3）。

表 12 – 3　2019 届本科主要工科认证专业类毕业生认为实习和实践环节不够的比例

单位：%

本科专业类名称	通过认证专业	未认证专业
计算机类	57	60
仪器类	55	59
电气类	53	59
自动化类	53	59
机械类	52	57
土木类	52	60
化工与制药类	50	60
电子信息类	48	58
材料类	44	60

注：部分工科专业类因为样本较少，没有包括在内。

数据来源：麦可思－中国 2019 届大学毕业生培养质量跟踪评价。

四 职业发展

（一）月收入

通过了解毕业生的职业发展结果，可以发现专业培养过程中存在的不足，是培养目标、毕业要求、课程体系及教学过程等方面科学化、系统化、持续化改进的重要依据。通过认证的专业按照国际通用标准培养工科人才，课程与教学对学生基本毕业要求的达成具有良好保障，能有效促进毕业生就业竞争力的提升，从而为其职业发展奠定坚实基础。

月收入是毕业生就业竞争力与职业发展状况的直接体现。通过认证专业毕业生的薪资水平更高，且增长潜力更大。通过认证专业毕业生工作半年的月收入（2019 届）达 6234 元，比未认证专业（5707 元）高 527 元；工作五年的月收入（2014 届）达 11148 元，比未认证专业（10876 元）高 272 元（见图 12 – 11）。

图 12 – 11 本科工科认证专业毕业生工作半年、五年的月收入

数据来源：麦可思 – 中国 2019 届大学毕业生培养质量跟踪评价，2014 届大学毕业生五年后职业发展跟踪评价。

从主要专业类来看，通过认证的计算机类、电子信息类专业毕业生初始薪资、工作五年的薪资均较高。具体来看，通过认证的计算机类专业毕业生工作半年的月收入达 8276 元，比同类未认证专业（6677 元）高 1599 元；工作五年的月收入达 16043 元，比同类未认证专业（13574 元）高 2469 元。其次是电子信息类（工作半年 6687 元，工作五年 13993 元），分别比同类未认证专业（工作半年 6043 元，工作五年 11917 元）高 644 元、2076 元（见表 12－4）。

表 12－4　本科主要工科认证专业类毕业生工作半年、五年的月收入

单位：元

本科专业类名称	通过认证专业		未认证专业	
	2019 届半年后	2014 届五年后	2019 届半年后	2014 届五年后
计算机类	8276	16043	6677	13574
电子信息类	6687	13993	6043	11917
自动化类	6459	11376	5811	10615
土木类	6367	10970	5115	10384
仪器类	6149	9651	5703	8767
机械类	5907	10675	5485	10290
电气类	5873	10748	5432	10432
化工与制药类	5869	9724	5089	8753
材料类	5699	10669	5036	10407

注：部分工科专业类因为样本较少，没有包括在内。

数据来源：麦可思－中国 2019 届大学毕业生培养质量跟踪评价，2014 届大学毕业生五年后职业发展跟踪评价。

（二）就业满意度

就业满意度反映了毕业生的从业幸福感，也是其职业发展状况的重要体现。通过认证专业毕业生的从业幸福感更强。通过 2019 年应届毕业生评价可以发现，通过认证专业毕业生的就业满意度为 68%，比未认证专业毕业生（66%）高 2 个百分点（见图 12－12）；其中，薪资是影响毕业生从业幸福感的首要因素，未认证专业毕业生因收入低而对就业现状产生不满的比例为 64%，高于通过认证专业的毕业生（58%）。

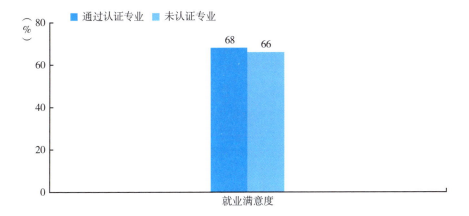

图 12 – 12　2019 届本科工科认证专业毕业生半年后的就业满意度

数据来源：麦可思 – 中国 2019 届大学毕业生培养质量跟踪评价。

从主要专业类来看，多数专业类中通过认证专业毕业生的从业幸福感均强于同类未认证专业毕业生。其中，计算机类专业的差异最为明显，通过认证专业毕业生的就业满意度（77%）比同类未认证专业毕业生（72%）高 5 个百分点（见图 12 – 13）。

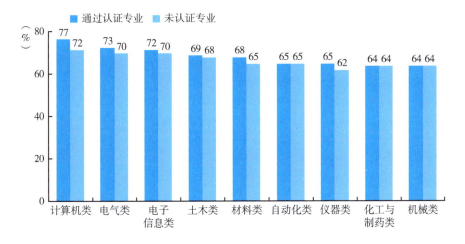

图 12 – 13　2019 届本科主要工科认证专业类毕业生半年后的就业满意度

注：部分工科专业类因为样本较少，没有包括在内。

数据来源：麦可思 – 中国 2019 届大学毕业生培养质量跟踪评价。

参考文献

韩晓燕、张彦通、王伟：《高等工程教育专业认证研究综述》，《高等工程教育研究》2006 年第 6 期。

陈文松：《工程教育专业认证及其对高等工程教育的影响》，《高教论坛》2011 年第 7 期。

吴卫东、崔治、袁铁军：《浅析工程教育专业认证对专业教学相关工作的促进作用》，《科技视界》2019 年第 9 期。

B.13
本科师范类专业建设分析

摘　要： 基础教育领域对本科毕业生的需求逐年增长，师范类专业需基于专业认证标准不断强化人才培养以回应基础教育对高素质教师的迫切需求。本专题从社会对从教人员的需求入手，定位基础教育领域需求量较大的师范类专业，分析毕业生在相关领域的职业发展以及对培养过程的反馈情况，发现民办中小学及教辅机构对从教人员需求增长明显，但从教人员的稳定性仍需提高；部分专业课程体系未充分实现"双专业性"的融合，实践环节仍需完善，学生成长指导对其从教情怀养成的促进作用仍需加强。此外随着教师教育的开放化，毕业生从教比例较高的非师范院校也需考虑完善相应的培养环节，以满足部分学生从教的需要。

关键词： 师范类专业　专业建设　社会需求　职业发展

　　基础教育是实现人的全面发展的关键环节，是增强国家竞争力的必然途径。近年来国家教育事业稳步发展，基础教育领域对从教人员的需求不断上升。教育部统计数据显示，2015 年全国基础教育领域共有专任教师 1172 万人，2018 年上升至 1239 万人，增长幅度达 6%。教育事业的发展离不开教师质量的提升。作为培养和输送基础教育教师的重要来源，师范类院校和专业需要基于师范类专业认证中"学生中心、产出导向、持续改进"的理念不断完善专业建设和人才培养工作，以回应基础教育对高素质教师的迫切需

求。本专题将从教育相关领域对本科毕业生的需求入手，分析呈现师范类专业从教毕业生的职业发展及其对培养过程的反馈情况，从而为相关专业人才培养的持续改进提供参考。

一　社会对从教人员的需求

（一）民办中小学及教辅机构需求增长最为明显

随着国家基础教育改革的深化以及大众对子女教育投入的不断加大，社会对从教人员的需求逐年提升。作为吸纳本科毕业生数量最大的行业，教育业特别是中小学教育领域对本科毕业生的需求不断增长，2015～2019届本科毕业生在教育业就业的比例上升了2.3个百分点。其中，民办中小学及教辅机构的需求增长更为明显，近五年来本科毕业生在该领域就业的比例上升了1.9个百分点，高于公办中小学教育机构（上升了0.6个百分点）（见图13-1）。

图 13-1　2015～2019 届本科毕业生在教育业就业的比例变化趋势

数据来源：麦可思－中国 2015～2019 届大学毕业生培养质量跟踪评价。

（二）师范类院校毕业生从教比例更高且以公办中小学教育机构为主

师范类院校是培养和输送教师的重要载体。近年来师范类院校毕业生的从教比例持续上升，2019届师范类院校毕业生的从教比例（45.9%）是非师范院校（11.0%）的4倍多。当然随着教师教育的开放化，越来越多的非师范院校毕业生选择从事教育相关工作，毕业生从教比例从2015届的8.8%上升到了2019届的11.0%，增长趋势明显（见图13-2）。

图13-2　2015~2019届本科师范、非师范类院校毕业生在
教育业就业的比例变化趋势

数据来源：麦可思－中国2015~2019届大学毕业生培养质量跟踪评价。

（三）语数外及小学教育专业是中小学教育领域需求量较大的师范类专业

从师范类院校毕业生在中小学教育领域就业的专业构成来看，汉语言文学专业的占比（9.6%）最高，其后依次是英语（9.0%）、小学教育（8.0%）、数学与应用数学（7.7%）（见图13-3）。上述专业是中小学教

育领域需求量较大的本科师范类专业，对其毕业生职业发展状况以及专业建设与人才培养效果可给予持续重点关注。

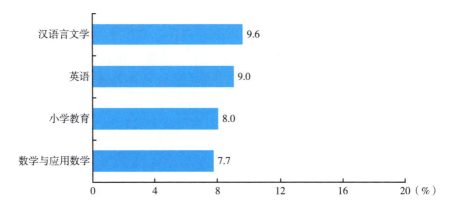

图 13 – 3　2017～2019 届本科师范类院校毕业生在
中小学教育领域就业量较大的专业

数据来源：麦可思 – 中国 2017～2019 届大学毕业生培养质量跟踪评价。

二　师范生的职业发展

（一）主要师范类专业毕业生从教比例

毕业生从教比例是师范类专业培养目标达成效果的重要依据。从主要师范类专业来看，小学教育专业毕业生从教比例（95.6%）最高，其次是数学与应用数学（89.3%）；英语、汉语言文学专业毕业生从教比例（分别为78.9%、79.2%）相对较低（见图 13 – 4）。

另外，从这些专业毕业生在中小学教育领域就业的机构类型来看，小学教育专业毕业生在公办中小学教育机构的比例（78%）最高；数学与应用数学、汉语言文学专业从事中小学教育相关工作的毕业生服务于公办中小学教育机构的比例（分别为70%、67%）也均超过六成；英语专业毕业生在公办中小学教育机构的比例较低，超过半数（53%）服务于民办中小学及

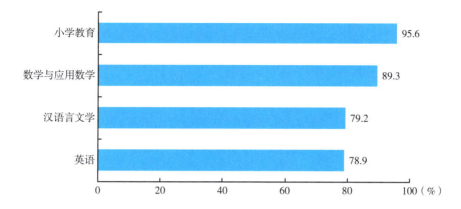

图 13 – 4　2017 ~ 2019 届本科主要师范类专业毕业生从教比例

数据来源：麦可思 – 中国 2017 ~ 2019 届大学毕业生培养质量跟踪评价。

教辅机构（见图 13 – 5），这也在一定程度上反映出当前面向中小学生的外语辅导培训市场较为火热。

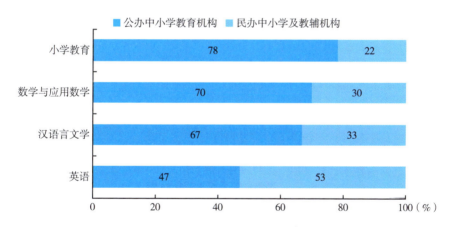

图 13 – 5　2017 ~ 2019 届本科主要师范类专业毕业生在
中小学教育领域就业的机构类型

数据来源：麦可思 – 中国 2017 ~ 2019 届大学毕业生培养质量跟踪评价。

　　对此，相关院校和专业可适当关注非公办教育领域对从教人员的需求，并引导和鼓励部分学生前往民办中小学及教辅机构从教，在丰富毕业生从教选择的同时，也为民办教育的发展提供人才支撑。

（二）月收入

薪资水平是毕业生就业与发展质量的直观体现。从不同机构的薪资差异来看，民办中小学及教辅机构的初始薪资水平较高，近五年平均高出公办中小学教育机构270元左右；与此同时薪资增长幅度较大，毕业五年后的涨幅达140%，明显高于公办中小学教育机构（82%）（见图13－6、图13－7）。随着国家不断加大对教育的财政投入并将教师队伍建设作为投入重点予以优先保障，毕业生在公办中小学教育机构的薪资水平仍有进一步提升的空间。

图13－6　2015～2019届本科师范类院校从教毕业生
半年后的月收入变化趋势

数据来源：麦可思－中国2015～2019届大学毕业生培养质量跟踪评价。

从主要师范类专业来看，数学与应用数学专业从教毕业生的初始薪资最高，2019届达到4876元；英语专业从教毕业生毕业五年后的薪资（6742元）最高，且相比自身毕业半年后初始薪资（3427元）的涨幅（97%）最大，这也跟毕业生在民办中小学及教辅机构就业的比例较高有关（见表13－1、表13－2）。

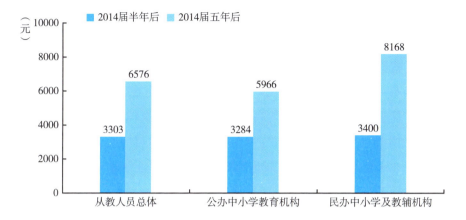

图 13 - 7　2014 届本科师范类院校从教毕业生五年后的月收入与涨幅

数据来源：麦可思 - 中国 2014 届大学毕业生五年后职业发展跟踪评价，2014 届大学毕业生培养质量跟踪评价。

表 13 - 1　2017～2019 届本科主要师范类专业从教毕业生半年后的月收入

单位：元

本科专业名称	2019 届	2018 届	2017 届
数学与应用数学	4876	4628	4298
英语	4663	4469	4228
汉语言文学	4514	4311	4160
小学教育	4248	4146	3968

数据来源：麦可思 - 中国 2017～2019 届大学毕业生培养质量跟踪评价。

表 13 - 2　2014 届本科主要师范类专业从教毕业生五年后的月收入与涨幅

单位：元，%

本科专业名称	毕业五年后的平均月收入	毕业半年后的平均月收入	月收入涨幅
英语	6742	3427	97
数学与应用数学	6722	3553	89
汉语言文学	6285	3289	91
小学教育	6082	3163	92

数据来源：麦可思 - 中国 2014 届大学毕业生五年后职业发展跟踪评价，2014 届大学毕业生培养质量跟踪评价。

（三）就业满意度

除了薪资水平外，就业满意度也是衡量毕业生就业与发展质量的重要因素，是毕业生从业幸福感的体现。师范类院校毕业生在公办中小学教育机构从教的幸福感更强，近五年平均高出民办中小学及教辅机构10个百分点及以上（见图13-8）。从主要师范类专业来看，数学与应用数学专业从教毕业生的就业满意度较高，2019届达到80%；英语专业从教毕业生的就业满意度相对较低，2019届为70%（见表13-3）。

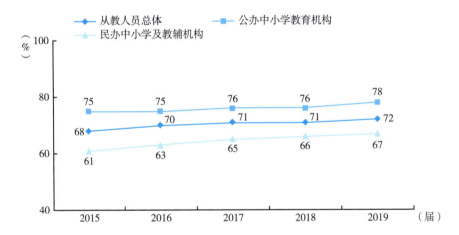

图13-8 2015～2019届本科师范类院校从教毕业生半年后的就业满意度变化趋势

数据来源：麦可思-中国2015～2019届大学毕业生培养质量跟踪评价。

表13-3 2017～2019届本科主要师范类专业从教毕业生半年后的就业满意度

单位：%

本科专业名称	2019届	2018届	2017届
数学与应用数学	80	79	79
小学教育	78	78	77
汉语言文学	75	74	72
英语	70	69	69

数据来源：麦可思-中国2017～2019届大学毕业生培养质量跟踪评价。

抛开收入原因，发展空间是影响毕业生从业幸福感的重要因素，在民办中小学及教辅机构就业的毕业生因感到发展空间不够而对现状产生不满的比例（51%）明显高于在公办中小学教育机构就业的毕业生（46%）（见图13-9）。

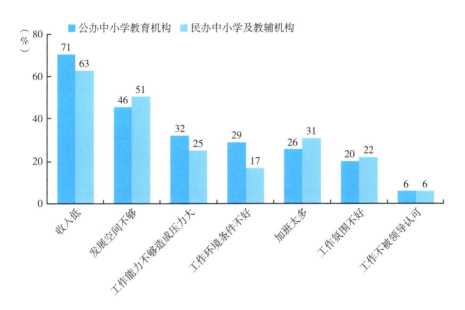

图13-9 2019届本科师范类院校从教毕业生对就业现状不满意的原因（多选）

数据来源：麦可思-中国2019届大学毕业生培养质量跟踪评价。

（四）职称达成

职称达成情况是衡量从教毕业生发展空间的重要因素。公办中小学教育机构的职称体系相对较为完善，师范类院校从教毕业生在毕业五年后有八成以上（83%）获得了各级教师职称；其中，面向不同学科教学领域的毕业生在职称达成方面存在差异，面向理科教学领域（数学、物理、化学、生物）的毕业生在毕业五年后获得各级教师职称的比例（88%）高于面向文科教学领域（语文、英语、政治、历史、地理）的毕业生（82%），这可能也和过去很长一段时间内基础教育"重理轻文"的现象有关（见图13-

10）。随着基础教育改革的深入，"文理并重"的教学理念将被越来越多的人所接受，文科教师的职称晋升也将得到进一步完善。

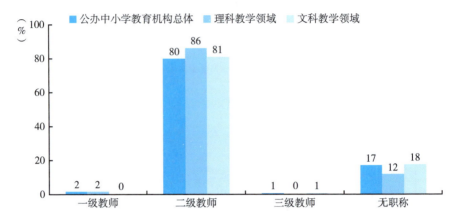

图 13-10　2014 届本科师范类院校在公办中小学教育机构
就业的毕业生毕业五年后的职称达成

数据来源：麦可思－中国 2014 届大学毕业生五年后职业发展跟踪评价。

（五）从教意愿

毕业生的从教意愿反映了其对教师职业及教育事业的认同感，是确保教师队伍稳定和发展的重要前提。整体来看，师范类院校毕业生从教意愿较强，在毕业五年后（2014 届）依然有超过四成（42.8%）从事教育相关工作，仅略低于毕业半年后（43.6%）。

进一步从不同领域来看，在公办中小学教育机构从教的毕业生稳定性较强，从教意愿较高，毕业五年后有近九成（88.6%）依然留在公办中小学教育机构，离开教育领域的比例（6.0%）不足一成；在民办中小学及教辅机构从教的毕业生稳定性相对较弱，毕业五年后有近三成（28.0%）离开了教育领域（见表 13-4）。对于毕业生在民办教育领域从教比例较高的专业（如英语），需要相应完善学生成长指导工作，从而更好地帮助学生建立从教情怀，使其愿意长期从教。

表13－4　2014届本科师范类院校半年后从教毕业生毕业五年后的就业领域

单位：%

半年后就业领域	五年后就业领域	就业比例
公办中小学教育机构	教育业	94.0
	其中：公办中小学教育机构	88.6
	民办中小学及教辅机构	2.7
	其他教育教辅机构	2.7
	政府及公共管理	3.3
	其他领域合计	2.7
民办中小学及教辅机构	教育业	72.0
	其中：民办中小学及教辅机构	37.0
	公办中小学教育机构	29.0
	其他教育教辅机构	6.0
	政府及公共管理	8.0
	其他领域合计	20.0

数据来源：麦可思－中国2014届大学毕业生五年后职业发展跟踪评价，2014届大学毕业生培养质量跟踪评价。

三　师范类专业的培养过程

（一）课程建设

课程是实现学生能力达成的基本单元，合理的课程体系对毕业要求达成有着重要支撑作用，是培养高素质基础教育教师的前提。课程重要度与课程满足度分别反映了专业核心课程设置的合理性与授课效果，通过从教毕业生对核心课程的评价可以发现，师范类院校相关专业课程建设效果更好，2019届从教毕业生对课程的重要度、满足度评价（分别为92%、87%）均较高。当然从主要师范类专业来看，数学与应用数学专业从教毕业生对课程的重要度评价（88%）相对较低；另外结合毕业生对专业课程设置的合理性评价可知，数学与应用数学专业从教毕业生认为课程设置合理的比例（73%）低于师范类院校从教毕业生平均水平

（86%），可见其课程体系仍需进一步完善（见图13-11、图13-12、图13-13）。

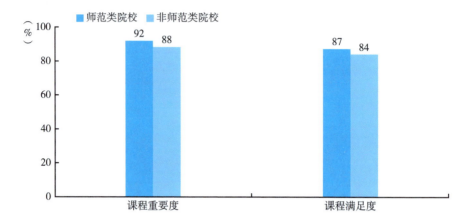

图13-11 2019届本科从教毕业生对核心课程的重要度和满足度评价

数据来源：麦可思-中国2019届大学毕业生培养质量跟踪评价。

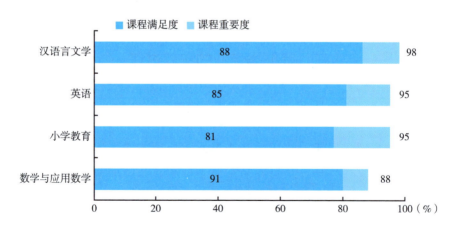

图13-12 2019届本科主要师范类专业从教毕业生对核心
课程的重要度和满足度评价

数据来源：麦可思-中国2019届大学毕业生培养质量跟踪评价。

与其他专业相比，师范类专业具有独特的学科专业与教育专业相结合的"双专业性"，这要求毕业生能够整合与构建学科内容、教学法等不同成分

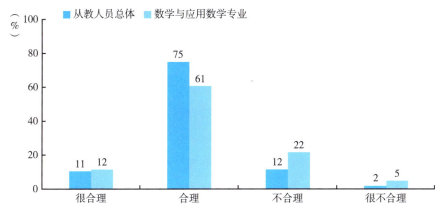

图 13 – 13　2014 届本科师范类院校从教毕业生对课程设置的合理性评价

数据来源：麦可思 – 中国 2014 届大学毕业生五年后职业发展跟踪评价。

的知识并有效运用于日常教育教学工作当中。因此，专业课程体系需要有效整合本学科专业课程、教师教育相关课程（如教育学原理、课程与教学论、教育心理学等）等不同模块的内容，以帮助学生形成较为完善的知识与能力结构。当前部分师范类专业课程体系的合理性仍有不足，未充分实现"双专业性"的融合，这不利于学生学科教学认知的形成，需要参照师范类专业认证标准持续改进和完善。

另外值得注意的是，当前越来越多的非师范院校毕业生伴随着教师教育开放化而从事教育相关工作，但从教毕业生对课程的评价低于师范院校，这不利于毕业生在教育领域的竞争和发展。因此，对于毕业生从教比例较高的非师范院校相关专业，可考虑完善课程体系，增加教育相关课程选修模块，以满足部分学生从教的需要。

（二）实践教学

师范类专业在培养学生"教什么"层面的学科专业知识的同时，也需要让学生具备"怎么教"层面的教育实践智慧，因此实践教学需要与理论教学并重。通过从教毕业生对培养过程的改进需求可以发现，实践教学是其改进需求较大的方面，师范类院校从教毕业生认为实习和实践环节不够的比例（2019 届 61%）超过六成；从主要师范类专业来看，汉语言文学专业从教毕业生对实践教学的改进需求（2019 届 64%）较为突出（见图 13 – 14、图 13 – 15）。这也在一定程度上反映出，部分专业在培养过程中为了追求教学内容本身的"理论性"，而忽略了指向促进学生获得教育教学现实问题解决能力的"实践性"。在当前师范类院校向综合化发展的背景下，仍需注重保持自身的"师范特色"，不断完善实践教学体系，将实践教学与其他教育环节有机衔接，以避免专业培养的"师范性"被过度弱化。

此外，对于毕业生从教比例较高的非师范院校，也可考虑适当补充和完善教学实践、班级管理实践等内容，以促进从教毕业生相关实践能力的提升。

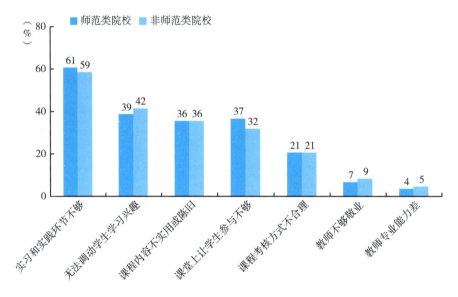

图 13 – 14　2019 届本科从教毕业生认为母校的教学需要改进的地方（多选）

数据来源：麦可思 – 中国 2019 届大学毕业生培养质量跟踪评价。

（三）成长指导

在完善课程教学与实践教学的同时，成长指导对于落实毕业要求、促进学生全面发展也至关重要，需要持续关注和改进。职业规划辅导是成长指导的重要组成部分，对于帮助学生建立从教情怀、引导学生长期从教具有不可

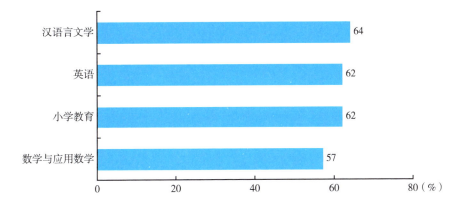

图 13 - 15 2019 届本科主要师范类专业从教毕业生
认为"实习和实践环节不够"的比例

数据来源：麦可思 - 中国 2019 届大学毕业生培养质量跟踪评价。

替代的作用。整体来看，师范类院校职业规划辅导的覆盖面更广，且开展效果更好（见图 13 - 16），从教毕业生在校期间接受过职业规划辅导的比例（2019 届 49%）高于非师范院校（2019 届 42%），同时认为其有效的比例（2019 届 75%）也高于非师范院校（2019 届 71%）。

从主要师范类专业来看，英语专业从教毕业生接受过职业规划辅导的比例（2019 届 60%）较高，但其有效性（2019 届 69%）较低；另外小学教育专业职业规划辅导的覆盖面（2019 届 45%）有待进一步拓展（见图 13 - 17）。相关院校和专业可有针对性地予以改进。

（四）能力达成

毕业生的能力达成是其实现高质量就业与发展的前提，高素质基础教育教师培养离不开包括能力在内的毕业要求支撑。整体来看，2019 届师范类院校从教毕业生在指导他人、有效的口头沟通这两方面达成效果仍有不足，毕业时掌握水平（分别为 57%、55%）与其他能力相比仍偏低。从主要师范类专业来看，英语专业从教毕业生对这两项能力的掌握水平（分别为 56%、55%）均较低（见图 13 - 18、表 13 - 5）。

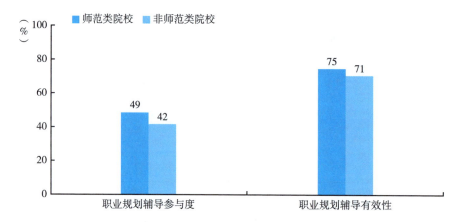

图 13 – 16　2019 届本科从教毕业生对职业规划辅导的参与度和有效性评价

数据来源：麦可思－中国 2019 届大学毕业生培养质量跟踪评价。

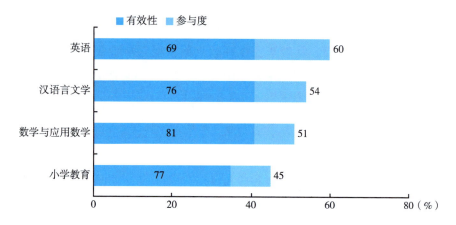

**图 13 – 17　2019 届本科主要师范类专业从教毕业生对职业
规划辅导的参与度和有效性评价**

数据来源：麦可思－中国 2019 届大学毕业生培养质量跟踪评价。

　　指导他人是从教人员教学能力的重要体现，是其胜任教师工作的基础；有效的口头沟通是从教人员沟通合作能力的重要体现，对其个人职业发展具有重要影响。而实践教学环节是培养和提升学生上述能力的关键途径。对此，相关院校和专业需通过完善相应实践环节以更好地促进学生教学能力以及沟通合作能力的提升，从而为其在教育领域的长期发展奠定坚实基础。

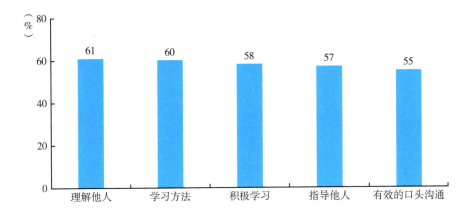

图 13 - 18 2019 届本科师范类院校从教毕业生工作中重要度较高能力的掌握水平

数据来源：麦可思 - 中国 2019 届大学毕业生培养质量跟踪评价。

表 13 - 5 2019 届本科主要师范类专业从教毕业生指导他人、
有效的口头沟通能力的掌握水平

单位：%

本科专业名称	指导他人	有效的口头沟通
汉语言文学	57	57
小学教育	57	56
数学与应用数学	57	54
英语	56	55

数据来源：麦可思 - 中国 2019 届大学毕业生培养质量跟踪评价。

参考文献

教育部印发《普通高等学校师范类专业认证实施办法（暂行）》，《中国高等教育评估》2017 年第 4 期。

李森、刘梅珍、崔友兴：《专业认证背景下高校师范类专业建设理路》，《重庆高教研究》2019 年第 6 期。

附　　录

Appendix

B.14
技术报告

一　数据介绍

（一）评价覆盖面

2020 年度麦可思－全国大学毕业生跟踪评价分为以下三类：

1. 2019 届大学生毕业半年后培养质量的跟踪评价，于 2020 年 3 月初完成，全国本科生样本为 12.6 万。覆盖了 382 个本科专业，覆盖了全国 30 个省、自治区和直辖市，覆盖了本科毕业生从事的 587 个职业、325 个行业。

2. 麦可思曾对 2016 届大学毕业生进行毕业半年后培养质量的跟踪评价（2017 年初完成，全国本科生样本约 14.7 万人）[1]，2019 年底对此全国样本

---

① 麦可思研究院编著《2017 年中国本科生就业报告》，社会科学文献出版社，2017。

进行了三年后的再次跟踪评价，全国本科生样本约 2.4 万人。覆盖了 392 个本科专业，覆盖了全国 30 个省、自治区和直辖市，覆盖了本科毕业生从事的 556 个职业、311 个行业。

3. 麦可思曾对 2014 届大学毕业生进行毕业半年后、三年后的跟踪评价，2019 年底对此全国样本进行了五年后的第三次跟踪评价，旨在通过更长的时间跨度观察毕业生的发展变化，全国本科生样本约 2.9 万人。覆盖了 366 个本科专业，覆盖了全国 30 个省、自治区和直辖市，覆盖了本科毕业生从事的 590 个职业、324 个行业。

（二）评价对象

毕业半年后（2019 届）、三年后（2016 届）和五年后（2014 届）的本科毕业生：包括"双一流"院校、其他地方本科院校的毕业生，不包括成人高等教育、军事院校和港澳台院校的毕业生。

（三）评价方式

答题通过电子问卷客户端实现，三类评价的问卷不同。答卷人回答问卷，答题时间为 10～30 分钟。

二 研究概况

（一）研究目的

1. 了解本科毕业生的就业状态及就业质量，发现在满足社会需求方面存在的问题；

2. 了解本科毕业生的自主创业、升学以及未就业的状况；

3. 了解本科毕业生的行业职业变迁、晋升、薪资增长情况；

4. 了解大学毕业生对母校的满意程度以及改进反馈。

（二）研究样本

本研究需提醒读者注意以下几点：

1. 答题通过电子问卷客户端实现，未被邀请的答题将被视为无效。

2. 本研究对答题和未答题的样本进行了检验，没有发现存在自我选择性样本偏差问题（Self – selection Bias）①。

3. 对于样本中与实际比例的明显差异可能带来的统计误差，本研究采用权数加以修正（即对回收的全国总样本，基于学历、地区、院校类型、专业的实际分布比例进行再抽样）。再抽样后的样本分布与实际分布见表1至表8，大学毕业生的实际分布比例来自中华人民共和国教育部网站。

表1　2019届各经济区域本科毕业生样本人数分布与实际人数分布对比

单位：%

各经济区域	2019届本科毕业生 样本人数比例	2019届本科毕业生 实际人数比例
泛渤海湾区域经济体	20.4	20.2
泛长江三角洲区域经济体	19.4	20.0
中原区域经济体	15.7	15.8
泛珠江三角洲区域经济体	13.6	13.4
西南区域经济体	12.4	12.3
东北区域经济体	10.5	10.5
陕甘宁青区域经济体	6.9	6.6
西部生态经济区	1.1	1.2

数据来源：麦可思－中国2019届大学毕业生培养质量跟踪评价，中华人民共和国教育部。

---

① 自我选择性样本偏差问题：是指调查中存在某类群体选择答题的概率和其他群体有明显不同。例如，可能存在就业的毕业生更容易选择参与答题，而没有就业的学生可能不愿意参加答题等。

表 2　2019 届各省份本科毕业生样本人数分布与实际人数分布对比

单位：%

省份	2019 届本科毕业生样本人数比例	2019 届本科毕业生实际人数比例
安徽	3.3	4.1
北京	2.0	3.2
福建	3.3	3.1
甘肃	1.8	1.8
广东	7.4	6.9
广西	2.9	2.7
贵州	1.8	1.7
海南	<1.0	0.7
河北	4.1	4.3
河南	6.2	6.2
黑龙江	<1.0	3.2
湖北	5.1	5.3
湖南	4.4	4.3
吉林	4.2	3.0
江苏	6.7	6.6
江西	3.1	3.2
辽宁	5.3	4.3
内蒙古	1.5	1.5
宁夏	<1.0	0.5
青海	<1.0	0.2
山东	6.3	6.1
山西	3.0	3.0
陕西	4.4	4.1
上海	2.6	2.3
四川	5.5	5.3
天津	3.6	2.1
西藏	<1.0	0.2
新疆	1.1	1.0
云南	2.4	2.5
浙江	3.7	3.8
重庆	2.8	2.8

注：表中样本人数比例小于 1.0% 的数值均用"<1.0"表示，下同。

数据来源：麦可思 – 中国 2019 届大学毕业生培养质量跟踪评价，中华人民共和国教育部。

表3　2019届各学科门类本科毕业生样本人数分布与实际人数分布对比

单位：%

本科学科门类	2019届本科毕业生样本人数比例	2019届本科毕业生实际人数比例
工学	33.2	34.0
管理学	18.3	18.1
艺术学	10.1	9.8
文学	9.6	9.3
理学	7.1	7.0
医学	6.7	6.4
经济学	5.5	5.8
教育学	4.0	3.7
法学	3.9	3.5
农学	<1.0	1.8
历史学	<1.0	0.5
哲学	<1.0	0.1

数据来源：麦可思－中国2019届大学毕业生培养质量跟踪评价，中华人民共和国教育部。

表4　2016届各经济区域本科毕业生三年后样本人数分布与实际人数分布对比

单位：%

各经济区域	2016届本科毕业三年后样本人数比例	2016届本科毕业生实际人数比例
泛长江三角洲区域经济体	19.9	19.9
泛渤海湾区域经济体	19.2	20.2
中原区域经济体	16.6	16.6
泛珠江三角洲区域经济体	12.5	12.2
西南区域经济体	12.0	11.8
东北区域经济体	11.2	10.8
陕甘宁青区域经济体	7.4	7.5
西部生态经济区	1.2	1.0

数据来源：麦可思－中国2016届大学毕业生三年后职业发展跟踪评价，中华人民共和国教育部。

表5　2016届各省份本科毕业生三年后样本人数分布与实际人数分布对比

单位：%

省份	2016届本科毕业三年后样本人数比例	2016届本科毕业生实际人数比例
安徽	4.4	3.9
北京	5.0	3.2
福建	2.9	3.0
甘肃	1.8	1.9
广东	6.6	6.3
广西	2.2	2.2
贵州	<1.0	1.7
海南	<1.0	0.7
河北	1.3	4.4
河南	5.8	6.5
黑龙江	3.6	3.4
湖北	6.9	5.8
湖南	3.8	4.3
吉林	2.6	3.0
江苏	6.9	6.5
江西	3.7	3.3
辽宁	5.0	4.4
内蒙古	<1.0	1.5
宁夏	<1.0	0.5
青海	<1.0	0.2
山东	7.0	6.3
山西	<1.0	2.7
陕西	4.9	4.9
上海	2.7	2.3
四川	5.8	4.9
天津	5.6	2.1
西藏	<1.0	0.1
新疆	1.2	0.9
云南	2.7	2.3
浙江	2.3	3.9
重庆	3.5	2.9

数据来源：麦可思－中国2016届大学毕业生三年后职业发展跟踪评价，中华人民共和国教育部。

表6 2016届各学科门类本科毕业三年后样本人数分布与实际人数分布对比

单位：%

本科学科门类	2016届本科毕业三年后样本人数比例	2016届本科毕业生实际人数比例
工学	35.7	32.7
管理学	17.7	19.5
文学	9.0	10.0
理学	7.6	6.9
医学	7.4	6.3
艺术学	6.7	9.1
法学	4.8	3.6
教育学	4.8	3.6
经济学	4.4	6.0
农学	1.4	1.7
历史学	<1.0	0.5
哲学	<1.0	0.1

数据来源：麦可思－中国2016届大学毕业生三年后职业发展跟踪评价，中华人民共和国教育部。

表7 2014届各经济区域本科毕业五年后样本人数分布与实际人数分布对比

单位：%

各经济区域	2014届本科毕业五年后样本人数比例	2014届本科毕业生实际人数比例
泛长江三角洲区域经济体	21.2	20.8
泛渤海湾区域经济体	20.5	20.4
中原区域经济体	16.3	16.3
泛珠江三角洲区域经济体	12.3	12.0
西南区域经济体	11.9	11.5
东北区域经济体	10.8	11.0
陕甘宁青区域经济体	6.9	6.9
西部生态经济区	<1.0	1.1

数据来源：麦可思－中国2014届大学毕业生五年后职业发展跟踪评价，中华人民共和国教育部。

表8　2014届各学科门类本科毕业五年后样本人数分布与实际人数分布对比

单位：%

本科学科门类	2014届本科毕业五年后样本人数比例	2014届本科毕业生实际人数比例
工学	36.4	33.2
管理学	15.6	18.6
文学	11.4	10.6
理学	10.5	7.5
艺术学	6.4	8.6
医学	6.4	6.1
经济学	4.5	6.0
法学	3.5	3.8
教育学	2.7	3.3
农学	1.8	1.7
历史学	<1.0	0.5
哲学	<1.0	0.1

数据来源：麦可思－中国2014届大学毕业生五年后职业发展跟踪评价，中华人民共和国教育部。

致　谢

　　《2020 年中国本科生就业报告》是麦可思第十二年出版的就业蓝皮书，报告进一步对内容、结构、体例做出完善。以数据和图表来呈现分析结果，读者可以从自己的专业角度对某一数据或图表背后的因果关系进行深度解读。

　　特别感谢帮助完善本年度报告的高等教育管理者和研究者，在此不一一具名。报告中所有的错误由作者唯一负责。感谢读者阅读本报告。限于篇幅，报告仅提供部分数据，如需了解更详细的内容，请联系作者（research @ mycos. com）。

皮 书

智库报告的主要形式
同一主题智库报告的聚合

❖ 皮书定义 ❖

皮书是对中国与世界发展状况和热点问题进行年度监测，以专业的角度、专家的视野和实证研究方法，针对某一领域或区域现状与发展态势展开分析和预测，具备前沿性、原创性、实证性、连续性、时效性等特点的公开出版物，由一系列权威研究报告组成。

❖ 皮书作者 ❖

皮书系列报告作者以国内外一流研究机构、知名高校等重点智库的研究人员为主，多为相关领域一流专家学者，他们的观点代表了当下学界对中国与世界的现实和未来最高水平的解读与分析。截至2020年，皮书研创机构有近千家，报告作者累计超过7万人。

❖ 皮书荣誉 ❖

皮书系列已成为社会科学文献出版社的著名图书品牌和中国社会科学院的知名学术品牌。2016年皮书系列正式列入"十三五"国家重点出版规划项目；2013~2020年，重点皮书列入中国社会科学院承担的国家哲学社会科学创新工程项目。

中国皮书网

（网址：www.pishu.cn）

发布皮书研创资讯，传播皮书精彩内容
引领皮书出版潮流，打造皮书服务平台

栏目设置

◆ **关于皮书**

何谓皮书、皮书分类、皮书大事记、
皮书荣誉、皮书出版第一人、皮书编辑部

◆ **最新资讯**

通知公告、新闻动态、媒体聚焦、
网站专题、视频直播、下载专区

◆ **皮书研创**

皮书规范、皮书选题、皮书出版、
皮书研究、研创团队

◆ **皮书评奖评价**

指标体系、皮书评价、皮书评奖

◆ **互动专区**

皮书说、社科数托邦、皮书微博、留言板

所获荣誉

◆ 2008 年、2011 年、2014 年，中国皮书
网均在全国新闻出版业网站荣誉评选中
获得 "最具商业价值网站" 称号；
◆ 2012 年，获得 "出版业网站百强" 称号。

网库合一

2014年，中国皮书网与皮书数据库端口
合一，实现资源共享。

权威报告·一手数据·特色资源

皮书数据库

ANNUAL REPORT(YEARBOOK)
DATABASE

分析解读当下中国发展变迁的高端智库平台

所获荣誉

- 2019年，入围国家新闻出版署数字出版精品遴选推荐计划项目
- 2016年，入选"'十三五'国家重点电子出版物出版规划骨干工程"
- 2015年，荣获"搜索中国正能量 点赞2015""创新中国科技创新奖"
- 2013年，荣获"中国出版政府奖·网络出版物奖"提名奖
- 连续多年荣获中国数字出版博览会"数字出版·优秀品牌"奖

成为会员

通过网址www.pishu.com.cn访问皮书数据库网站或下载皮书数据库APP，进行手机号码验证或邮箱验证即可成为皮书数据库会员。

会员福利

- 已注册用户购书后可免费获赠100元皮书数据库充值卡。刮开充值卡涂层获取充值密码，登录并进入"会员中心"—"在线充值"—"充值卡充值"，充值成功即可购买和查看数据库内容。
- 会员福利最终解释权归社会科学文献出版社所有。

数据库服务热线：400-008-6695
数据库服务QQ：2475522410
数据库服务邮箱：database@ssap.cn
图书销售热线：010-59367070/7028
图书服务QQ：1265056568
图书服务邮箱：duzhe@ssap.cn

社会科学文献出版社 皮书系列
SOCIAL SCIENCES ACADEMIC PRESS (CHINA)
卡号：949817712946
密码：

基本子库 SUB DATABASE

中国社会发展数据库（下设 12 个子库）

整合国内外中国社会发展研究成果，汇聚独家统计数据、深度分析报告，涉及社会、人口、政治、教育、法律等 12 个领域，为了解中国社会发展动态、跟踪社会核心热点、分析社会发展趋势提供一站式资源搜索和数据服务。

中国经济发展数据库（下设 12 个子库）

围绕国内外中国经济发展主题研究报告、学术资讯、基础数据等资料构建，内容涵盖宏观经济、农业经济、工业经济、产业经济等 12 个重点经济领域，为实时掌控经济运行态势、把握经济发展规律、洞察经济形势、进行经济决策提供参考和依据。

中国行业发展数据库（下设 17 个子库）

以中国国民经济行业分类为依据，覆盖金融业、旅游、医疗卫生、交通运输、能源矿产等 100 多个行业，跟踪分析国民经济相关行业市场运行状况和政策导向，汇集行业发展前沿资讯，为投资、从业及各种经济决策提供理论基础和实践指导。

中国区域发展数据库（下设 6 个子库）

对中国特定区域内的经济、社会、文化等领域现状与发展情况进行深度分析和预测，研究层级至县及县以下行政区，涉及地区、区域经济体、城市、农村等不同维度，为地方经济社会宏观态势研究、发展经验研究、案例分析提供数据服务。

中国文化传媒数据库（下设 18 个子库）

汇聚文化传媒领域专家观点、热点资讯，梳理国内外中国文化发展相关学术研究成果、一手统计数据，涵盖文化产业、新闻传播、电影娱乐、文学艺术、群众文化等 18 个重点研究领域。为文化传媒研究提供相关数据、研究报告和综合分析服务。

世界经济与国际关系数据库（下设 6 个子库）

立足"皮书系列"世界经济、国际关系相关学术资源，整合世界经济、国际政治、世界文化与科技、全球性问题、国际组织与国际法、区域研究 6 大领域研究成果，为世界经济与国际关系研究提供全方位数据分析，为决策和形势研判提供参考。

法律声明

"皮书系列"（含蓝皮书、绿皮书、黄皮书）之品牌由社会科学文献出版社最早使用并持续至今，现已被中国图书市场所熟知。"皮书系列"的相关商标已在中华人民共和国国家工商行政管理总局商标局注册，如 LOGO（▨）、皮书、Pishu、经济蓝皮书、社会蓝皮书等。"皮书系列"图书的注册商标专用权及封面设计、版式设计的著作权均为社会科学文献出版社所有。未经社会科学文献出版社书面授权许可，任何使用与"皮书系列"图书注册商标、封面设计、版式设计相同或者近似的文字、图形或其组合的行为均系侵权行为。

经作者授权，本书的专有出版权及信息网络传播权等为社会科学文献出版社享有。未经社会科学文献出版社书面授权许可，任何就本书内容的复制、发行或以数字形式进行网络传播的行为均系侵权行为。

社会科学文献出版社将通过法律途径追究上述侵权行为的法律责任，维护自身合法权益。

欢迎社会各界人士对侵犯社会科学文献出版社上述权利的侵权行为进行举报。电话：010-59367121，电子邮箱：fawubu@ssap.cn。

社会科学文献出版社